GESUNDES FÜR KLEINE SCHLECKER-MÄULER

urania

GESUNDES FÜR KLEINE SCHLECKER-MÄULER

Cocos Lieblingsgerichte

Siân Blunos

Gewidmet William Gilbert Williams (1928–2002)

MA, MB, M.Chir. FRCS, Herzchirurg

Ich widme dieses Buch meinem Vater, der vier Tage vor Cocos erstem Geburtstag starb. Sie war seine einzige Enkelin, und er wollte sie so gerne aufwachsen sehen. Doch es sollte nicht sein ... ich vermisse ihn so sehr. Er sagte zu mir: »Sie ist ein Geschenk.« Er hatte Recht: Sie ist eins.

Meiner Mutter, die außergewöhnlich stark und würdevoll war – ich kann ihren Mut nur bewundern. Sie und mein Vater waren Seelenverwandte.

Martin – dieses Jahr hatten wir mehr zu bewältigen als die meisten Ehepaare in ihrem gesamten Leben. Wir sind aus starkem Holz gebaut und wir werden es schaffen. Du bist mein Seelenverwandter ... ich liebe dich.

Meinen beiden Brüdern, Huw und Richard, die ich über alles liebe. Ich bin sehr glücklich, solch eine Familie zu haben.

Leon und Max, meinen Jungs, die fast alle Rezepte in diesem Buch probiert haben. Ich halte große Stücke auf ihr Urteil und natürlich auf das von Coco, die mich zum Schreiben inspirierte.

Omi und Poppi, Martins Eltern – für ihre Liebe und Unterstützung all die Jahre.

Translated from the book originally produced by Carroll & Brown Ltd.,
20 Lonsdale Road, Queen's Park, London NW6 6RD

Bibliografische Information Der Deutschen Bibliothek
Die Deutsche Bibliothek verzeichnet diese Publikation in der Deutschen Nationalbibliographie; detaillierte bibliografische Daten sind im Internet über http://dnb.ddb.de abrufbar.

Urania Verlag
Verlagsgruppe Dornier GmbH
Postfach 800669, 70506 Stuttgart
www.verlagsgruppe-dornier.de
www.urania-verlag.de

Übersetzung aus dem Englischen: Monika Cremer
Lektorat: Berliner Buchwerkstatt, Vera Olbricht
Umschlaggestaltung: Behrend und Buchholz, Hamburg
Umschlagmotiv: Vorderseite: unter Verwendung des Motivs der Originalausgabe; Rückseite: Abbildung Seite 97
Satz: Rund ums Buch – Rudi Kern, Kirchheim/Teck
Druck: Tien Wah
Printed in Singapore
ISBN 3-332-01473-0

Inhalt

Vorwort

Martin, mein Mann, und ich lernten uns bei der Arbeit kennen, da ich als seine Stellvertreterin eingestellt wurde. Zunächst kamen wir überhaupt nicht miteinander aus, denn er mochte keine Frauen in der Küche. Das jedoch änderte ich ziemlich bald! 1989 haben wir geheiratet. Leon wurde ein Jahr später geboren, Max folgte 1991 und 2001 kam Coco hinzu.

Ich habe für alle meine Kinder immer selbst gekocht. Als Coco auf die Welt kam, entschloss ich mich, meine bereits mehrfach erprobten Rezepte zusammenzutragen. Ich wollte sie mit anderen Müttern teilen, um ihnen zu zeigen, wie einfach es letztlich ist, selbst zubereitete köstliche Gerichte auch in größerer Menge zu kochen, um sie dann tiefgekühlt verfügbar zu haben.

Eltern wollen ihren Kindern den bestmöglichen Start ins Leben geben. Dabei spielt die Ernährung eine große Rolle. Diese muss einerseits ausgewogen sein und andererseits alle Nährstoffe enthalten, die Kinder brauchen, um sich körperlich und geistig optimal zu entwickeln. Was Kinder von klein an essen, kann ihr späteres Ernährungsverhalten bestimmen. Kinder, die schon früh an unterschiedlich schmeckende und zusammengesetzte Lebensmitteln gewöhnt werden, werden später sicherlich keine verwöhnten Esser. Meiner Meinung nach sollte Essen für Kinder wie Essen aussehen – nicht wie Teddybären oder Dinos. Es sollte mit Geschmack, Farbe, Konsistenz und Geruch verführen. »Spielzeug-Essen« schmälert die ursprüngliche Freude an diesen Sinneseindrücken, und es ist gut möglich, dass ihr Kind mehr von der Tierform als vom Lebensmittel selbst angezogen wird.

Wenn Sie das Essen Ihrer Kinder mit frischen Zutaten zubereiten, geben Sie ihnen das Beste. Es ist ein Irrglaube, dass Kinder von Natur aus schwer zufrieden zu stellen seien. Sicher werden sie manches nicht essen wollen, wenn sie nicht frühzeitig damit vertraut gemacht werden. Einige Mütter haben Angst davor, für ihre Kinder zu kochen. Dafür gibt es jedoch keinen Grund: Es gibt nichts Schöneres als das Entzücken auf dem Gesicht Ihres Kindes, wenn es einen neuen Geschmack entdeckt. Eines der ersten Worte von Coco war: »Mmmmehr!«

Einleitung

Von Milch zu Brei

Obgleich die meisten Babys mit etwa 6 Monaten bereit für die Beikost sind, empfiehlt es sich, den Beginn mit dem Kinderarzt abzustimmen. Beginnen Sie das Breifüttern am besten mit Gemüsepüree. In Deutschland hat sich Karottenpüree bewährt. Coco und die Jungs machte ich mit einem Lebensmittel nach dem anderen vertraut. Vertrugen sie etwas nicht, konnte ich dieses genau bestimmen. Erst als ich sicher war, was ihnen gut bekam, begann ich diese Lebensmittel zu kombinieren.

Babys werden mit einem Eisenvorrat für ungefähr 6 Monate geboren. Wichtig ist daher, ihnen etwa nach einem halben Jahr eisenhaltige Lebensmittel wie Fleisch oder Hülsenfrüchte zu geben.

Das Kapitel »Auf die Plätze, fertig, los!« enthält einfache Pürees für den Anfang, in »Fräulein Selbstständig« finden Sie Gerichte und Snacks für Ihren Sprössling, wenn dieser selbst zu essen und am Familienessen teilzunehmen beginnt. Des Weiteren habe ich die Rezepte nicht, auch nicht nach Altersgruppen, eingeteilt. Sie finden in den Kapiteln sowohl einfachere Breie für die Jüngeren als auch solche für die Älteren, z. B. mit Würstchen, Speck, Sardinen oder asiatischen Gewürzen. Gerichte mit Käse sollten Babys erst ab einem halben Jahr gefüttert werden. Die Rezepte sind alle köstlich und für die ganze Familie geeignet. Gegen Ende des 1. Lebensjahrs verträgt Ihr Kind fast alle Lebensmittel. (Das Forschungsinstitut für Kinderernährung gibt für Eltern einen Ernährungsplan für das 1. Lebensjahr heraus; s. S. 128).

Hilfreich ist zu wissen, dass der Appetit Ihres Kindes schwankt. Manche essen immer nur einige Löffel, andere von Anfang an mit großem Appetit – so wie meine Kinder. Daher habe ich die Rezepte für 6 bis 8 Portionen ausgerichtet.

Will Ihr Kind ein Lebensmittel nicht essen, bieten Sie es einfach zu einem späteren Zeitpunkt wieder an. Gesundheitsberatern und Ernährungswissenschaftlern ist bekannt, dass die meisten Mütter dazu neigen, ein solches Lebensmittel nicht wieder in den Speiseplan aufzunehmen. Dabei entwickeln sich die Geschmacksknospen bei Babys erst im Laufe der Zeit. Daher: Probieren Sie es einfach in ein paar Wochen erneut – womöglich werden Sie überrascht sein!

Salz und Zucker

Empfohlen wird, an Babykost im ersten Jahr kein Salz zu geben, da die Nieren von Babys noch nicht völlig entwickelt sind. Selbst nach dem 1. Lebensjahr sollte Salz im Essen auf ein absolutes Minimum beschränkt sein. Nun, Coco ist fast 2 Jahre alt, würze ich die Gerichte ein wenig, um den Geschmack zu verstärken – doch auch das muss nicht sein.

Ungesalzene Brühe ist Bestandteil vieler Rezepte in diesem Buch. Die meisten Instant-Brühen enthalten Geschmacksverstärker und Farbstoffe. Sie sind außerdem reich an Salz. In Bioläden oder Reformhäusern sind auch salzarme Brühen erhältlich. Bereiten Sie am besten Ihre eigene Brühe zu und frieren Sie diese portionsweise ein. Entsprechende Grundrezepte befinden sich im letzten Kapitel des Buches.

Auch für Zucker gilt: Weniger ist mehr, denn Zucker kann zur Schädigung der Zähne und zu einer kindlichen Naschkatze führen. Wenn Sie keinen Zucker zusetzen, lernen Babys und Kleinkinder den natürlichen Geschmack der Lebensmittel zu schätzen. Darüber hinaus sind viele Früchte und Gemüse naturgemäß süß, was für die empfindlichen Geschmacksknospen des Babys völlig ausreicht.

Frische Zutaten

Kaufen Sie für die Babyküche die besten Zutaten und Produkte, die Sie bekommen können. Viele ziehen Bio-Lebensmittel, die schonend produziert wurden und keine künstlichen Süßstoffe, Geschmacks- und Farbstoffe enthalten, anderen Produkten vor. Doch das kann teuer und die Auswahl mancherorts beschränkt sein. Verwenden Sie Obst und Gemüse aus der näheren Umgebung. Es ist aufgrund der kurzen Transportwege oft frischer und nährstoffreicher. Wichtig ist: Bereichern Sie den Speiseplan Ihres Kindes mit viel frischem Obst und Gemüse.

Familienkost

Je älter das Kind wird, desto häufiger isst es am Familientisch. Spezielle Kindermenüs sind jedoch nicht notwendig. Zu Zeiten unserer Großeltern gab es so etwas eh nicht! Lassen Sie Ihr Kind frühzeitig möglichst viele unterschiedliche Lebensmittel kosten.

Die meisten Rezepte in diesem Buch sind für die ganze Familie geeignet. Für die älteren Familienmitglieder können die Gerichte nach Belieben nachgewürzt und auf das Zerkleinern kann verzichtet werden. Dennoch: Probieren Sie das Gemüse als Püree, es ist eine wunderbare Beilage zu Fleisch und Fisch.

Als Familie gemeinsam zu essen, ist wichtig. Aufgrund von Berufstätigkeit, Schule oder Kindergarten ist dies leider nicht immer möglich. Dennoch: Essen Sie möglichst oft gemeinsam. Kleine Kinder lernen dabei auch, sich am Tisch zu benehmen; Tischmanieren gehören zum Erwachsenwerden dazu. Meiner Meinung nach ist es auch wichtig, mit Kindern essen zu gehen. Gute Tischmanieren Ihres Sprösslings im Restaurant setzen jedoch etwas Übung am heimischen Familientisch voraus.

Kochen auf Vorrat hat viele Vorteile. Beispielsweise auch den, für Ihren Sprössling zu Essenseinladungen oder ins Restaurant eine gefrorene Portion des Kinderessens mitzunehmen. Im Restaurant bitten Sie darum, es aufzutauen. Ich haben nie erlebt, dass dies nicht möglich war.

Mengenangaben

Beachten Sie, dass alle Mengenangaben nur ungefähre Angaben sind.

Zerkleinern

Elektrische Pürierstäbe sind sehr praktisch für ein wenig Püree und für Saucen, aber nicht für größere Mengen. Ich möchte auf meine Küchenmaschine nicht verzichten. Achten Sie beim Kauf auf einen kräftigen Motor, denn die Maschine wird häufig im Einsatz sein.

Um die Lieblings-Konsistenz für den Brei Ihres Babys herauszufinden, müssen Sie anfangs sicherlich beim Zugeben von Flüssigkeit experimentieren. Für Babys bis 7 Monate sollten Sie Schalen und Kerne nach dem Pürieren entfernen. Dazu den Brei mit einem Gummispatel durch ein Sieb streichen oder durch eine »Flotte Lotte« drehen.

Wenn ich in meinen Rezepten empfehle, die Konsistenz der fertigen Gerichte zu verbessern, meine ich damit, den Brei so dick oder dünn zu machen, dass Ihr Kind damit gut zurechtkommt. Pürieren Sie den Brei anfangs ganz fein und glatt, nach und nach sollte er stückiger werden, da sich nun die Zähne entwickeln. Studien zufolge kann eine zu späte Einführung von stückigem Essen Ihr Kind später zu einem wählerischen Esser werden lassen.

Kartoffeln sind häufig Bestandteil der Rezepte. Wichtig ist hierbei, darauf hinzuweisen, dass diese nicht püriert oder mit der Küchenmaschine zerkleinert werden dürfen. Der Brei wird sonst klebrig. Ich zerdrücke die Kartoffeln einfach mit der Gabel und vermenge sie mit den restlichen Zutaten.

Gerichte einfrieren

Die Gerichte können in der Regel eingefroren werden, es sei denn, es ist anders angegeben. Versehen Sie die Portionen immer mit einem Etikett, auf welches Sie das Datum schreiben. Verwenden Sie immer die Portionen zuerst, die am längsten eingefroren sind. Tiefgekühlt lassen sich die Gerichte etwa 3 Monate aufbewahren.

Bevor Sie das Gericht servieren oder einfrieren, sollten Sie es in gleich große Portionen teilen – Sie wissen am besten, welche Menge Ihr Kind in etwa isst. Die Portionen vor dem Einfrieren abkühlen lassen.

Eiswürfelbehälter oder kleine Kunststoffdosen eignen sich für das Einfrieren der Basispürees und Brühen am besten. Ich bevorzuge Gefriertüten, da diese weniger Platz brauchen. Legen Sie die gefüllten, gut verschlossenen Tüten nebeneinander auf ein Brett, frieren Sie diese ein und stapeln Sie das Gefriergut anschließend.

Erwärmen

Es ist außerordentlich wichtig, das Essen wieder gut zu erwärmen. Bakterien vermehren sich unter warmen Bedingungen. Achten Sie darauf, dass das Essen durch und durch kochend heiß ist. Erwärmen Sie das Gefriergut direkt. Nehmen Sie es aus der Tüte und erhitzen Sie es in einem Topf auf dem Herd oder in der Mikrowelle. Kochend heißes Essen immer gut durchrühren, damit alles gleichmäßig vermengt und erhitzt wird. Das Gericht sollte nun etwas abkühlen, damit sich Ihr Sprössling nicht verbrennt. Essensreste werfen Sie weg. Diese auf keinen Fall wieder einfrieren oder gar erneut aufwärmen.

Hygiene

Sauberkeit ist unerlässlich, wenn Sie ein Baby versorgen. Das gilt besonders beim Zubereiten, Aufbewahren und Erwärmen seines Essens. Obgleich die folgenden Punkte sicherlich hinlänglich bekannt sind, möchte ich dennoch darauf hinweisen:

Waschen Sie immer Ihre Hände und die Ihres Kindes, bevor sie Lebensmittel berühren. In den ersten 6 bis 7 Monaten sollten Sie alle Utensilien, die zum Füttern notwendig sind, sterilisieren. Wenn Ihr Baby dann krabbelt, alles erkundet und in den Mund nimmt, erübrigt sich das Sterilisieren. Trotzdem sollten Sie weiterhin darauf achten, dass die Geräte gründlich sauber und die Arbeitsflächen mit einem antibakteriellen Reinigungsmittel gewischt sind.

Gewerbliche Küchen nutzen Hackbretter mit Farbkennzeichnung, um Kreuzkontaminationen zu vermeiden: verschiedene Farben für verschiedene Lebensmittelsorten – für rohen Fisch, für gekochten Fisch, für Fleisch, für Gemüse. Für den häuslichen Gebrauch empfehle ich mindestens zwei Hackbretter: das eine für rohe und das andere für gekochte Lebensmittel. Achten Sie darauf, diese nach dem Gebrauch gründlich zu reinigen und sie niemals zu verwechseln. Das gilt auch für die Messer, die Sie benutzen.

Zum Schluss: Waschen Sie Ihre Schürzen und Abtrockentücher täglich, um Bakterienwachstum zu verhindern.

Auf die Plätze, fertig, los!

Der Übergang von Mutter- oder Säuglingsmilch zu fester Nahrung ist eine spannende Zeit. Ihr Kind lernt neue, verschiedenartig schmeckende und zusammengesetzte Lebensmittel kennen. Es ist ein Vergnügen, das Baby sein »richtiges« Essen genießen zu sehen!

Denken Sie daran, bei jeder Mahlzeit zunächst nur eine Geschmacksrichtung auszuprobieren, d. h. eine Gemüse- oder Obstsorte anzubieten. Keine Angst – Ihr Baby wird manches mögen, anderes hingegen ablehnen. Versuchen Sie es einfach in einigen Wochen erneut. Bald können Sie die Lebensmittel, die Ihr Baby mag, kombinieren und beobachten, wie sich sein Geschmack entwickelt.

Dieses Kapitel enthält einige einfache Breie, die Sie ausprobieren können, nachdem Sie verschiedene Lebensmittel getestet haben und nun wissen, welche ihr Baby gerne mag.

Birnenpüree

Birnen sind leicht verdaulich und ideal, um mit der Beikost zu beginnen. Nehmen Sie z. B. die Sorte Williams Christ.

Für 6 bis 8 Portionen

6 reife Birnen, geschält
Saft von ½ Zitrone
Zucker nach Geschmack

1 Die Birnen vierteln und das Kerngehäuse entfernen. Die Viertel in einen Topf geben und so viel Wasser dazugeben, dass die Birnen mit Wasser bedeckt sind. Den Zitronensaft und ein klein wenig Zucker zufügen.

2 Das Wasser zum Köcheln bringen und die Birnen etwa 5 Minuten oder so lange, bis sie weich sind, dünsten. Die Garzeit hängt vom Reifegrad der Früchte ab.

3 Die Birnen im Sud abkühlen lassen und in einer Küchenmaschine oder mit dem Pürierstab zerkleinern. Das Püree in Portionen teilen, servieren oder tiefgefrieren.

Apfelpüree

Für dieses Püree bevorzuge ich die Apfelsorte Cox Orange, deren Aroma hervorragend ist. Sie können auch eine andere Apfelsorte verwenden.

Für 6 bis 8 Portionen

275 g Äpfel, geschält und entkernt
Saft von ½ Zitrone

1 Die Äpfel in kleine Stücke schneiden und zusammen mit dem Zitronensaft in einen Topf geben. Den Topf schließen. Die Äpfel behutsam erhitzen und bei geringer Hitzezufuhr etwa 8 bis 10 Minuten oder so lange, bis sie weich sind, köcheln lassen. Dabei von Zeit zu Zeit umrühren.

2 Den Topf vom Herd nehmen und die Äpfel in einer Küchenmaschine oder mit dem Pürierstab zerkleinern. Das Püree abkühlen lassen, in Portionen teilen, servieren oder tiefgefrieren.

Zubereitungstipp

Es muss beim Kochen kein Wasser hinzugefügt werden. Durch das langsame Garen bei kleiner Hitzezufuhr dämpfen die Äpfel im eigenen Saft. Der Topf muss jedoch gut verschlossen sein.

Nektarinen- oder Pfirsichpüree

Die Nektarine ist eine glattschalige »Verwandte« des Pfirsichs. Vergewissern Sie sich, dass die Früchte, die Sie verwenden reif und somit süß und saftig sind. Am besten bereiten Sie dieses Püree im Sommer zu, wenn es Nektarinen und Pfirsiche in Hülle und Fülle auf dem Markt gibt.

Für 6 bis 8 Portionen

4 reife Nektarinen oder Pfirsiche
1½ EL Zucker

1 Die Früchte waschen und zusammen mit dem Zucker in einen Topf geben. So viel Wasser dazugeben, dass die Früchte bedeckt sind. Das Wasser zum Köcheln bringen. Die Früchte etwa 10 Minuten oder so lange, bis sie weich sind, köcheln lassen.

2 Den Sud abgießen und die Nektarinen oder Pfirsiche abkühlen lassen. Die Haut abziehen und die Kerne entfernen. Das Fruchtfleisch in einer Küchenmaschine oder mit einem Pürierstab zerkleinern. Das Püree in Portionen teilen, servieren oder tiefgefrieren.

Bananen-Apfel-Püree

Diese Kombination ist ideal. Sie können das Püree für ältere Kleinkinder mit Joghurt mischen oder für einen Streuselkuchen (s. Seite 74) verwenden. Die Bananen müssen gekocht werden um zu verhindern, dass sie beim Einfrieren dunkel werden.

Für 6 bis 8 Portionen

175 g geschälte Bananen
Saft von ½ Zitrone
2 TL Zucker
175 g Apfelpüree (s. Seite 13)

1 Die Bananen in Scheiben schneiden und zusammen mit dem Zucker in einen kleinen Topf geben. Den Topf schließen. Die Bananen bei geringer Hitzezufuhr etwa 5 Minuten oder so lange, bis sie weich sind, köcheln lassen. Die Garzeit hängt vom Reifegrad der Früchte ab.

2 Die Bananen zerdrücken und abkühlen lassen. Das Apfelpüree darunter rühren. Das Ganze in Portionen teilen, servieren oder tiefgefrieren.

Tropisches Fruchtpüree

Machen Sie Ihr Kind auch mit dem Geschmack tropischer Früchte vertraut. Empfohlen wird jedoch, diese (Ausnahme Banane) nicht vor dem Ende des 1. Lebensjahres auf den Speiseplan des Babys zu setzen, um die Belastung mit Allergenen zu vermeiden. Verwenden Sie, um den besten Geschmack und den höchsten Nährwert zu erzielen, unbedingt vollreife Früchte.

Ernährungsinfo

Mangos sind reich an Beta-Carotin, enthalten B-Vitamine, Vitamin C und Mineralstoffe sowie Kalzium und Magnesium, die wichtig für die Knochen, Zähne und Muskeln sind.

Papayas sind reich an Beta-Carotin und Vitamin C sowie Kalium und Magnesium.

Bananen sind reich an Beta-Carotin, Folsäure, B-Vitamine, Kalzium, Magnesium und Kohlenhydrate.

Kiwis sind reich an Vitamin C und Kalium und enthalten wertvolle Ballaststoffe.

Für 6 bis 8 Portionen

1 Mango
1 Papaya
2 Bananen
1 Kiwi
2 EL Kokosmilch

1 Alle Früchte schälen. Die Papaya halbieren und die Kerne herauslösen. Das Mangofruchtfleisch vom Kern schneiden. Alle Früchte in kleine Stücke schneiden.

2 Alle Zutaten in einer Küchenmaschine oder mit einem Pürierstab zerkleinern. Das Püree durch ein Sieb streichen, um die Kerne der Kiwi zu entfernen. Das Püree in Portionen teilen, servieren oder tiefgefrieren.

Auberginenpüree

Dieses Püree besitzt ein phantastisches, mildes Aroma und schmeckt für sich alleine wunderbar. Ich verwende es auch für »Gebackenes Lamm mit Auberginen« (s. Seite 65).

Für 6 bis 8 Portionen

2 EL Olivenöl
1 Knoblauchzehe, geschält und zerdrückt
2–3 mittelgroße Auberginen (ca. 900 g), geschält und klein gewürfelt
275 ml ungesalzene Geflügelbrühe (s. Seite 125)
kleine Zweige Thymian

1 Das Öl in einem Topf erhitzen. Knoblauch und Auberginen etwa 5 Minuten darin andünsten. Brühe und Thymian dazugeben und alles zum Kochen bringen. Die Hitzezufuhr verringern, den Topf schließen und das Gemüse etwa 5 Minuten köcheln lassen. Den Deckel abnehmen und das Gemüse 20 bis 25 Minuten oder so lange, bis die Flüssigkeit aufgenommen ist, köcheln.

2 Die Thymianzweige entfernen. Die Auberginen abkühlen lassen, dann zerkleinern. Das Püree in Portionen teilen, servieren oder tiefgefrieren.

Karotten-Rüben-Püree

Babys lieben die leichte Süße dieses Gemüsepürees.

Für 6 bis 8 Portionen

3 mittelgroße Karotten (ca. 400 g), geschält und gewürfelt
1 mittelgroße Speiserübe (ca. 175 g), geschält und in Scheiben geschnitten

1 Das Gemüse in einen Topf geben, so viel kaltes Wasser dazugeben, dass das Gemüse bedeckt ist. Das Wasser zum Kochen bringen. Den Topf schließen, die Hitzezufuhr reduzieren und das Gemüse 10 bis 15 Minuten oder so lange, bis es weich ist, köcheln lassen.

2 Das Gemüse absieben und abkühlen lassen. Das Gemüse pürieren, in Portionen teilen, dann servieren oder tiefgefrieren.

Brokkoli, Karotten, Lauch und Kartoffeln mit Käse

In diesem Rezept wird Käse verwendet. Eine gute Art, Milchprodukte in Babys Speiseplan einzuführen.

Für 6 bis 8 Portionen

3	**mittelgroße Kartoffeln (ca. 350 g), mehlig kochend**
275 ml	**weiße Sauce (s. Seite 121)**
1	**mittelgroße Karotte (ca. 175 g), geschält und gewürfelt**
100 g	**Lauch, fein gewürfelt**
450 g	**Brokkoli, in kleine Röschen zerteilt**
50 g	**Hartkäse (z. B. Cheddar), gerieben**

1 Den Kartoffelbrei und die weiße Sauce zubereiten (s. Seite 121) und beiseite stellen.

2 Das Gemüse in etwas Wasser weich dünsten. Karotten brauchen etwa 12 Minuten, Lauch 6 Minuten, Brokkoli 5 Minuten. Das Gemüse absieben.

3 Den Käse in die heiße Sauce geben und unter Rühren schmelzen lassen. Das gesamte Gemüse in der Küchenmaschine zerkleinern, dabei ein wenig Sauce dazugeben. Den Kartoffelbrei darunter mischen, die restliche Sauce, wenn notwendig, nach und nach zufügen. Den Brei in Portionen teilen, dann servieren oder tiefgefrieren.

Fenchel und Kartoffeln mit Käse

Gekochter Fenchel besitzt einen zarten Anisgeschmack. Er ist verdauungsfördernd und kann helfen, Koliken zu vermeiden oder zu lindern.

Für 6 bis 8 Portionen

2–3	**mittelgroße Kartoffeln (ca. 275 g), mehlig kochend**
150 ml	**weiße Sauce (s. Seite 121)**
1	**kleiner Gemüsefenchel, geputzt**
50 g	**Hartkäse, gerieben**
1 EL	**fein gehackte Petersilie**

1 Den Kartoffelbrei und die weiße Sauce (s. Seite 121) zubereiten und beiseite stellen.

2 Den Fenchel in kochendes Wasser geben und darin etwa 8 Minuten oder so lange, bis er weich ist, kochen. Das Wasser abgießen.

3 Den Käse und die Petersilie in die heiße Sauce geben, den Käse unter Rühren schmelzen lassen. Den Fenchel in einer Küchenmaschine zerkleinern, die Sauce nach und nach dazugeben. (Für ältere Kinder den Fenchel in kleine Stücke schneiden.) Die Fenchelmischung zum Kartoffelbrei geben. Das Ganze in Portionen teilen, servieren oder tiefgefrieren.

Pastinaken-Linsen-Süßkartoffel-Püree

Pastinaken und Süßkartoffeln haben einen wunderbar süßen Geschmack, den Babys lieben – besonders, wenn sie das erste Mal püriertes Gemüse essen.

Die Süßkartoffeln in kleinere Stücke als die Pastinake schneiden, da erstere länger als letztere garen.

Ernährungsinfo

Pastinaken sind eine gute Ballaststoffquelle und außerdem reich an Folsäure. Sie enthalten außerdem Vitamin E und B-Vitamine, viel Magnesium und Kalium.

Linsen sind eine gute Quelle für Eiweiß und Ballaststoffe. Diese beeinflussen den Blutzuckerspiegel günstig. Sie sind aber auch reich an Eisen, Magnesium, Kalium, Folsäure, Vitamin B_1 und B_6.

Süßkartoffeln enthalten mehr Magnesium, Eisen und Vitamin C als normale Kartoffeln und sind reich an Antioxidantien.

Für 6 bis 8 Portionen

25 g	Butter
1 EL	Olivenöl
1	kleine Zwiebel, geschält und gehackt
1	kleine Knoblauchzehe, geschält und gehackt
2	Süßkartoffeln (ca. 425 g), geschält und fein gewürfelt
1	große Pastinake (ca. 275 g), geschält und gewürfelt
100 g	rote Linsen, in kaltem Wasser gewaschen
40 g	Tomatenpüree
ca. 300 ml	Wasser oder ungesalzene Gemüsebrühe (s. Seite 125)

1 Butter und Öl erhitzen und Zwiebel und Knoblauch darin etwa 2 Minuten dünsten. Süßkartoffeln, Pastinake, Linsen und Tomatenpüree dazugeben und das Ganze etwa 2 Minuten dünsten.

2 So viel Wasser oder Brühe dazugeben, dass das Gemüse bedeckt ist. Das Gemüse etwa 25 Minuten kochen, gelegentlich umrühren und bei Bedarf noch etwas Wasser oder Brühe zufügen. Das Gemüse absieben, dabei die Brühe auffangen.

3 Das Gemüse in einer Küchenmaschine zerkleinern, dabei Brühe nach Bedarf dazugeben. Den Brei abkühlen lassen, in Portionen teilen, servieren oder tiefgefrieren.

Einfaches Wurzelpüree

Kohlrüben sind ein wunderbares Gemüse für die Beikost. Die meisten Babys mögen ihren süßen Geschmack. Kohlrüben sind außerdem eine gute Energiequelle, denn sie enthalten Zucker und Stärke.

Für 6 bis 8 Portionen

4 mittelgroße Kartoffeln (ca. 450 g), mehlig kochend
25 g Butter
½ Kohlrübe (ca. 175 g), geschält und fein gewürfelt
1 mittelgroße Pastinake (ca. 175 g), geschält und fein gewürfelt
1 mittelgroße Karotte (ca. 175 g), geschält und fein gewürfelt
425 ml ungesalzene Gemüsebrühe (s. Seite 125)

1 Den Kartoffelbrei zubereiten (s. Seite 121) und beiseite stellen.

2 Die Butter schmelzen, Kohlrübe, Pastinake und Karotte dazugeben und etwa 5 Minuten dünsten. So viel Gemüsebrühe zufügen, dass das Gemüse bedeckt ist. Das Ganze zum Kochen bringen und etwa 20 Minuten weich köcheln lassen, dabei gelegentlich umrühren. Das Gemüse absieben und die Brühe auffangen.

3 Das Gemüse in einer Küchenmaschine zerkleinern. Kartoffelbrei darunter mischen und so viel Brühe zufügen, dass der Brei die gewünschte Konsistenz erhält. Das Ganze leicht abkühlen lassen, in Portionen teilen, servieren oder tiefgefrieren.

Zubereitungstipp

Für ältere Babys muss das Gemüse nicht so fein zerkleinert werden. Einfach alles zerdrücken und etwas von der Brühe dazugeben.

Kürbisbrei

Dieser Brei ist sehr einfach zuzubereiten, sehr lecker, leicht verdaulich und damit für die Beikost ideal. Die festfleischigen, leicht süßen Butternut-Kürbisse haben eine wunderbar goldene Farbe. Sie können durch Hokkaidos ersetzt werden.

Für 6 bis 8 Portionen

350 g	**Butternut-Kürbis oder ein anderer festfleischiger Kürbis**
1	**kleines Stück Butter oder**
ein wenig	**von Babys üblicher Milch**

1 Den Kürbis schälen, halbieren und mit einem Löffel die Kerne entfernen. Das Fruchtfleisch in 2,5 cm große Stücke schneiden.

2 Den Kürbis in kochendes Wasser geben, das Wasser wieder zum Kochen bringen. Die Hitzezufuhr reduzieren und den Kürbis 8 bis 10 Minuten oder so lange, bis er weich ist, köcheln lassen. Das Wasser abgießen und den Kürbis gut abtropfen lassen.

3 Den Kürbis zerdrücken, Butter oder Milch nach Geschmack dazugeben. Den Brei leicht abkühlen lassen, servieren oder tiefgefrieren.

Mehr über ...
Kürbis

Kürbisse sind äußerst vielseitig. Sie eignen sich sowohl für süße Gerichte wie gefüllte Kuchen (Pies) als auch für herzhafte Speisen wie Suppen. Sie können als Brei oder Creme, gebraten oder gebacken zubereitet werden.

Sellerie-Kartoffel-Brei

Knollensellerie verleiht Kartoffelbrei ein wunderbares Aroma und Coco liebt es über alles. Achten Sie darauf, den Knollensellerie und die Kartoffeln in gleich große Stücke zu schneiden, sodass beide gleichzeitig gar werden.

Für 6 bis 8 Portionen

3	**mittelgroße Kartoffeln (ca. 350 g), geschält und gewürfelt**
1	**mittelgroßer Knollensellerie (ca. 350 g), geschält und gewürfelt**
1	**kleines Stück Butter oder ein bisschen von Babys üblicher Milch**

1 Kartoffeln und Sellerie in einen Topf geben. So viel Wasser dazugeben, dass das Gemüse bedeckt ist. Das Wasser zum Kochen bringen, den Topf schließen und die Hitzezufuhr reduzieren. Das Gemüse nun etwa 20 Minuten oder so lange, bis es weich ist, kochen.

2 Das Gemüse absieben und in einer Küchenmaschine zerkleinern. Butter oder Milch dazugeben. Das Ganze leicht abkühlen lassen, in Portionen teilen, servieren oder tiefgefrieren.

Gartenkürbispüree

Große Gartenkürbisse schmecken ein wenig fad. Doch ein Hauch von Kräutern und Gewürzen sowie etwas Butter macht aus ihnen ein leckeres Püree für Babys.

Für 6 bis 8 Portionen

275 g Speisekürbis, geschält
25 g Butter
1 kleine Zwiebel, geschält und gehackt
1 winzige Prise Muskatnuss
1 Zweig Thymian

1 Den Kürbis halbieren und mit einem Löffel die Kerne entfernen. Das Fruchtfleisch in 1 cm große Würfel schneiden.

2 Die Butter in einem Topf erhitzen. Die Zwiebel darin etwa 4 Minuten weich dünsten. Dem Kürbis ein klein wenig Muskatnuss und Thymian dazugeben. Den Topf schließen, den Kürbis 15 bis 20 Minuten oder so lange, bis er weich ist, köcheln lassen.

3 Den Kürbis zerdrücken oder pürieren und abkühlen lassen. Den Brei in Portionen teilen, servieren oder tiefgefrieren.

Rote-Bete-Brei

Coco liebt diesen Brei wegen seiner leuchtenden Farbe und der Süße der Roten Bete. Um den Geschmack zu variieren, können Sie den Brei zu gleichen Teilen mit Apfelpüree mischen und ein ganz klein wenig Zitronensaft dazugeben.

Für 6 bis 8 Portionen

450 g rote Beten, geschält

1 Die rote Beten in gleich große Stücke schneiden, in einen Topf geben und so viel Wasser dazugeben, dass das Gemüse bedeckt ist. Das Wasser zum Kochen bringen, die Hitzezufuhr reduzieren und das Gemüse etwa 40 Minuten oder so lange, bis es weich ist, köcheln lassen.

2 Das Gemüse absieben, etwas abkühlen lassen und pürieren. Den Brei in Portionen teilen, servieren oder tiefgefrieren.

Bohnenpüree

Reichen Sie dieses Püree, genauso wie andere Hülsenfrüchte, nur gelegentlich. Zu viel Bohnen können zu Blähungen führen. Ist die Zeit knapp, nehmen Sie Bohnen aus der Dose statt getrocknete Hülsenfrüchte.

Für 6 bis 8 Portionen

175 g getrocknete zarte weiße Bohnen (z. B. Butterbohnen), über Nacht eingeweicht
1 kleine Knoblauchzehe, geschält und zerdrückt
1 Spritzer Zitronensaft

1 Die Bohnen abtropfen lassen und in einen Topf geben. So viel Wasser dazugeben, dass die Bohnen bedeckt sind. Den Knoblauch zufügen und das Ganze zum Kochen bringen. Den Topf schließen, die Hitzezufuhr reduzieren und Bohnen etwa 75 Minuten köcheln lassen. Bei Bedarf etwas Wasser nachgießen. Wenn die Bohnen weich sind, das Wasser abgießen und die Bohnen abkühlen lassen.

2 Die Bohnen und den Knoblauch in der Küchenmaschine zerkleinern. Einen Spritzer Zitronensaft dazugeben. Das Püree leicht abkühlen lassen, in Portionen teilen, servieren oder tiefgefrieren.

Ernährungsinfo

Ich nehme für dieses Püree Butterbohnen. Sie sind klein, flach und etwas nierenförmig. Sie enthalten viel Eiweiß und Ballaststoffe und wenig Fett. Sie sind reich an Eisen und liefern einige B-Vitamine.
Knoblauch ist für seine gesundheitsfördernden Eigenschaften bekannt. Er kann das Risiko für Herzerkrankungen senken, beeinflusst den Cholesterinspiegel günstig, fördert die Durchblutung und wirkt entzündungshemmend. Er enthält Vitamin C, Kalzium, Eisen und Magnesium und enthält kleine Mengen an B-Vitaminen.

Zubereitungstipp

Coco findet Bohnenbrei ohne Gewürze langweilig. Darum gebe ich etwas Knoblauch und Zitronensaft dazu. Dieses Püree passt auch gut zu Fleischgerichten und ist eine gute Alternative zur Kartoffelbeilage. Martin reicht es im Restaurant zu langsam geschmortem Schweinebauch und ich liebe dieses Püree wegen seiner wunderbaren dicken Konsistenz.

Cocos Alltagsrezepte

Die folgenden Rezepte sind Gerichte, die ich häufig für die ganze Familie zubereite und die auch Coco besonders gut schmecken. Sie sind im Allgemeinen weniger kompliziert und zeitaufwändig als manches im Kapitel »Coco, die Feinschmeckerin« – doch alles ist genauso lecker!

Wichtig ist für mich, dass meine Kinder wissen, wie selbst Gekochtes schmeckt. Ich verwende frische Zutaten, weil ich weiß, dass so jede Mahlzeit reich an Vitaminen, Mineralstoffen und Eiweiß ist. Dann bin ich mir sicher, dass meine Kinder genügend Energie haben, um gut durch den Tag zu kommen.

Kaufen Sie keine Fertigmenüs oder Junkfood. Beides ist reich an verstecktem Fett, Zucker und Salz. Zuviel davon kann bereits im Kindesalter zu Übergewicht und zu anderen Erkrankungen führen.

Blumenkohl-Lauch-Kartoffel-Brei

Dieses Gericht, ein sehr einfaches Gericht, ist eines von Cocos Lieblingsgerichten. Und weil es so einfach ist, auch eines von meinen.

Für 6 bis 8 Portionen

4	**mittelgroße Kartoffeln (ca. 450 g), mehlig kochend**
1	**Blumenkohl (ca. 450 g), in Röschen geteilt**
175 g	**Lauch, grob gehackt**
275 ml	**weiße Sauce (s. Seite 121)**
50 g	**Hartkäse, gerieben**

1 Den Kartoffelbrei zubereiten (s. Seite 121) und beiseite stellen.

2 Den Blumenkohl in kochendes Wasser geben und im offenen Topf etwa 15 Minuten oder so lange, bis er weich ist, kochen.

3 In einem weiteren Topf den Lauch in etwas Wasser zum Kochen bringen und die Hitzezufuhr reduzieren. Den Lauch etwa 6 Minuten oder so lange, bis er weich ist, köcheln lassen.

4 Die Sauce zubereiten, den Käse dazugeben und unter Rühren schmelzen lassen. Die Sauce vom Herd nehmen.heat.

5 Das Gemüse in der Küchenmaschine zerkleinern, die Käsesauce nach und nach dazugeben. Die Mischung zum Kartoffelbrei geben. Wenn nötig noch etwas Sauce dazugeben, um die Konsistenz zu verbessern. Das Ganze abkühlen lassen, in Portionen teilen, servieren oder tiefgefrieren.

Zubereitungstipp

Zum Säubern des Lauchs die Stangen längs einschneiden, das Wurzelende jedoch nicht durchschneiden. Die Blätter lösen und den Lauch unter fließendem Wasser waschen, um so Sand und Erde, die sich oft zwischen den Blättern befindet, zu entfernen.

Zucchini-Zwiebel-Pilz-Brei

Für die Jungs und Coco bereite ich aus diesem Brei auch kleine Kroketten zu. Dafür die Masse auf einer bemehlten Fläche zu einer langen Rolle formen und in 5 cm große Stücke schneiden. Die Kroketten in verquirltem Ei und getrockneten Brotbröseln (s. Seite 123) wenden und in Öl ausbacken.

Für 6 bis 8 Portionen

- **3 mittelgroße Kartoffeln (ca. 350 g), mehlig kochend**
- **1 mittelgroßer Zucchini (ca. 175 g)**
- **25 g Butter**
- **2 TL Sonnenblumenöl**
- **1 kleine Zwiebel, geschält und fein gehackt**
- **1 Knoblauchzehe, geschält und zerdrückt**
- **50 g braune Champignons, fein gewürfelt**
- **50 g Hartkäse, gerieben**
- **ein wenig von Babys üblicher Milch**

1 Den Kartoffelbrei zubereiten (s. Seite 121) und beiseite stellen. Den Zucchini waschen, längs vierteln und quer in Scheiben schneiden.

2 Butter und Öl in einer Pfanne erhitzen. Zwiebeln, Knoblauch, Pilze und Zucchini darin etwa 10 Minuten oder so lange, bis alles weich ist, dünsten. Den Käse über das warme Gemüse streuen und schmelzen lassen.

3 Nach dem Abkühlen das Gemüse in einer Küchenmaschine zerkleinern. Den Kartoffelbrei darunter mischen, dabei so viel Milch dazugeben, wie nötig ist, um die Konsistenz zu verbessern. Den Brei in Portionen teilen, servieren oder tiefgefrieren.

Ernährungsinfo

Zucchini enthalten Betacarotin, das für eine gesunde Haut und zum Schutz vor Infektionen wichtig ist.

Pilze enthalten B-Vitamine, Kalium, Eisen, Eiweiß und Kohlenhydrate.

Leckere Nudeln mit Käse-Tomaten-Brokkoli-Sauce

Mit diesem Gericht nehmen Sie Nudeln in den Speiseplan Ihres Kindes auf. Da die Nudeln zerkleinert werden, eignet sich jede Sorte für dieses Rezept. Wenn Ihr Sprössling älter wird und kauen kann, sollten Sie kleine Nudeln verwenden.

Für 6 bis 8 Portionen

400 g	frische Tomatensauce (s. Seite 122) oder Tomatenstücke aus der Dose
175 g	Nudeln (jede Form)
175 g	Brokkoli, in kleine Röschen zerteilt
25 g	Butter
1 EL	Olivenöl
1	kleine Zwiebel, geschält und gehackt
1	Knoblauchzehe, geschält und gehackt
50 g	Hartkäse, gerieben

1 Die Tomatensauce zubereiten und beiseite stellen.

2 Die Nudeln nach Packungsanweisung kochen, aber kein Salz zufügen. Das Wasser abgießen und die Nudeln abtropfen lassen.

3 Den Brokkoli in kochendes Wasser geben und im offenen Topf etwa 5 Minuten oder so lange, bis er weich ist, kochen.

4 Butter und Öl in einem Topf erhitzen. Zwiebeln und Knoblauch dazugeben und so lange dünsten, bis sie weich sind. Dabei gelegentlich umrühren. Die Tomatensauce oder die Tomatenstücke dazugeben. Alles zum Kochen bringen, die Hitzezufuhr reduzieren und die Sauce einige Minuten einkochen lassen. Den Käse hinzufügen und unter Rühren schmelzen lassen.

5 Nudeln und Brokkoli in einer Küchenmaschine zerkleinern, die Sauce dazugeben. Alles abkühlen lassen, in Portionen teilen, servieren oder tiefgefrieren.

Gemüse-couscous

Dieses Gericht können Kinder ab dem 8. Monat essen. Es schmeckt warm oder kalt als Salat. Sie können etwas zerteilten, gekochten Fisch dazugeben.

Für 6 bis 8 Portionen

250 ml	**ungesalzene Gemüsebrühe (s. Seite 125)**
100 g	**Couscous**
50 g	**TK-Erbsen**
2	**große Tomaten, enthäutet, entkernt und gewürfelt**
50 g	**Gemüsemais (TK oder aus der Dose)**

1 Die Brühe aufkochen, über den Couscous gießen und ihn so lange stehen lassen, bis er die Brühe aufgenommen hat (8 bis 10 Min.).

2 Die Erbsen in kochendes Wasser geben, im offenen Topf etwa 2 Minuten kochen lassen und mit kaltem Wasser abspülen.

3 Tomatenstücke, Mais, Erbsen und Couscous mischen. Das Ganze in Portionen teilen, servieren oder abkühlen lassen und tiefgefrieren.

Cocos grünes Lieblingsgemüse mit Kartoffeln und Käsesauce

Viele meinen, dass Kinder kein Gemüse essen, doch bei meiner Kindern war das nie der Fall. Coco liebt gerade die grünen Sorten! Verwenden Sie Gemüse frühzeitig, dann werden Ihre Kinder es sehr gern essen. So profitieren Ihre Sprösslinge von all den gesunden Vorteilen, die Gemüse bietet.

Für 6 bis 8 Portionen

1	**große Kartoffel (ca. 175 g), mehlig kochend**
50 g	**Prinzessbohnen**
50 g	**Buschbohnen**
50 g	**Brokkoli, in Röschen zerteilt**
50 g	**Zuckererbsen**
50 g	**TK-Erbsen**
275 ml	**weiße Sauce (s. Seite 121)**
50 g	**Hartkäse, gerieben**

1 Den Kartoffelbrei zubereiten (s. Seite 121) und beiseite stellen

2 Alle Gemüsesorten so lange in sprudelndem Wasser kochen, wie unten angegeben. Das Wasser abgießen und das Gemüse in kleine Stücke schneiden.

3 Die weiße Sauce zubereiten, den Käse dazugeben und unter Rühren schmelzen lassen. Das Gemüse dazugeben und den Kartoffelbrei darunter mischen. Das Ganze in Portionen teilen, servieren oder abkühlen lassen und tiefgefrieren.

Garzeiten

Prinzessbohnen	5–6 Minuten
Buschbohnen	4–5 Minuten
Brokkoli	4–5 Minuten
Zuckererbsen	4–5 Minuten
TK-Erbsen	2–3 Minuten

Gemüse-Perlgraupen-Suppe

Dies ist ein ideales Wintergericht. Sie können alle Wurzelgemüsesorten verwenden, die im Winter erhältlich sind, wie Pastinaken, Kohlrüben, weiße Rüben oder Karotten. Bei der Zusammensetzung richten Sie sich am besten nach dem Geschmack Ihres Kindes.

Für 6 bis 8 Portionen

100 g	Perlgraupen
25 g	Butte
1 EL	Sonnenblumenöl
175 g	Lauch, gehackt
75 g	Kohlrübe, geschält und gehackt
75 g	weiße Rübe, geschält und gehackt
40 g	Tomatenpüree
450 ml	Wasser oder ungesalzene Gemüsebrühe (s. Seite 125)
50 g	TK-Erbsen

1 Die Perlgraupen in kaltem Wasser waschen, in einen Topf geben und so viel Wasser dazugeben, dass sie bedeckt sind. Das Wasser zum Kochen bringen. Den Topf vom Herd nehmen. Die Perlgraupen mit kaltem Wasser abspülen und abtropfen lassen. Dadurch wird etwas Stärke der Perlgraupen entfernt.

2 Butter und Öl in einem Topf erhitzen. Den Lauch, die Kohlrübe und die weiße Rübe darin etwa 2 Minuten dünsten.

3 Die Perlgraupen und das Tomatenpüree dazugeben. So viel Wasser oder Brühe dazugeben, dass das Gemüse bedeckt ist. Alles zum Kochen bringen und etwa 50 Minuten köcheln lassen, dabei gelegentlich umrühren. Wenn nötig, noch etwas Wasser oder Brühe zufügen. Das Ganze soll eine ziemlich dickflüssige Konsistenz haben.

4 Die Erbsen dazugeben, den Topf schließen und alles köcheln lassen, bis die Perlgraupen sehr weich sind. (Etwa 5 Minuten, allerdings, je älter die Graupen sind, desto länger brauchen sie, um weich zu werden.)

5 Gemüse und Graupen absieben, dabei die Brühe auffangen. Gemüse und Graupen in der Küchenmaschine zerkleinern, etwas Brühe dazugeben, um die Konsistenz zu verbessern. Für ältere Babys das Ganze nur zerdrücken. Alles in Portionen teilen, servieren oder abkühlen lassen und tiefgefrieren.

Ernährungsinfo

Perlgraupen sind sehr nahrhaft und leicht verdaulich. Sie enthalten B-Vitamine und Vitamin E, Kalzium und Kalium, das notwendig ist, damit Muskeln- und Nervenzellen arbeiten können.

Weiße Rüben enthalten Vitamin C und Kohlenhydraten und sind eine gute Energiequelle.

Schnelle Pizza

Dies ist ein vielseitiges Rezept, das durch allerlei Pizzabeläge variiert werden kann. Die Jungs und Coco lieben auf ihrer Pizza Ananas, die sehr gut zu gekochtem Schinken passt. Schneiden Sie einfach 2 oder 3 Scheiben Dosenananas in Stücke und streuen Sie diese mit dem Schinken und dem Käse auf die Pizzagrundlage. Für eine vegetarische Variante ersetzen Sie den Schinken durch eine halbe rote Paprikaschote und einige kleine Champignons, die sie in Scheiben schneiden. Oder nehmen Sie einfach mal Thunfisch.

Wenn Sie die Pizza sofort essen und nicht tiefgefrieren, backen Sie diese bei 200 °C etwa 10 bis 15 Minuten.

Für 6 bis 8 Portionen

Grundrezept für Brötchen (s. Seite 112)

175 g frische Tomatensauce (s. Seite 122), Tomatenpüree oder Tomatenstücke aus der Dose

100 g Hartkäse, gerieben

50 g gekochter Schinken, dünn geschnitten

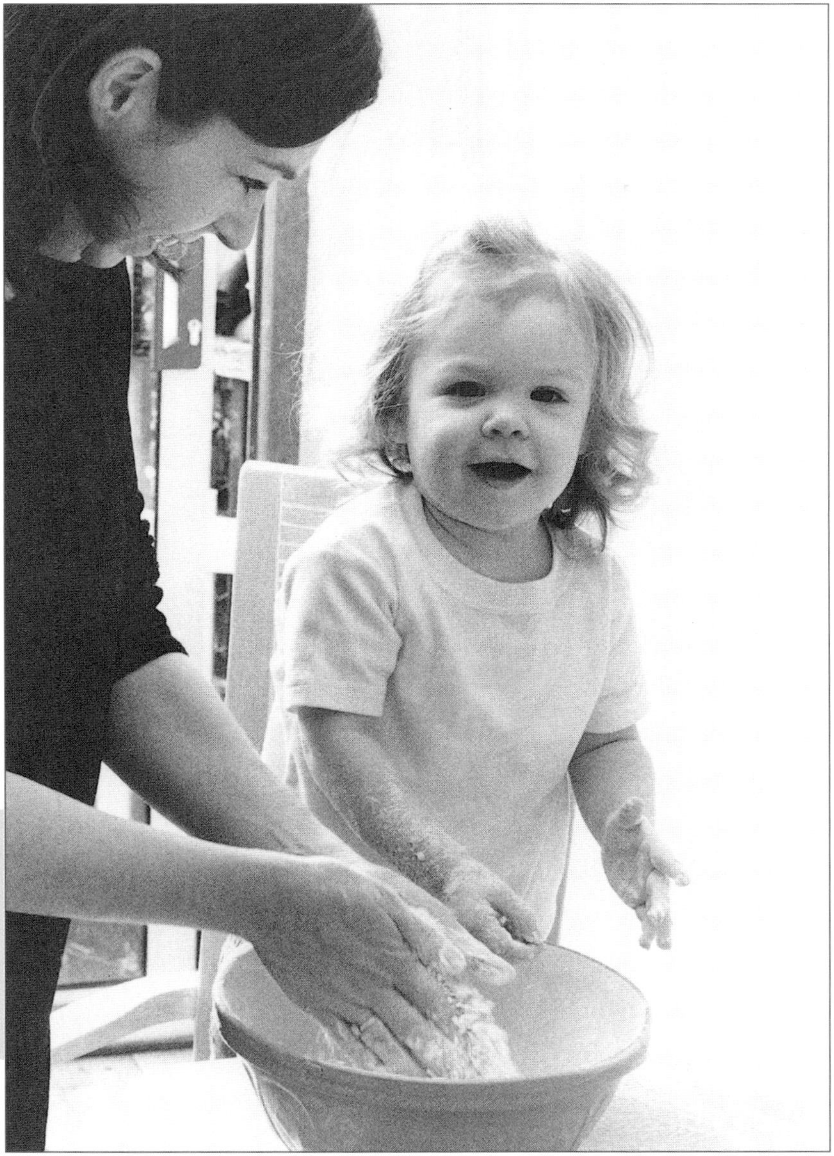

1 Den Teig zu einem ovalen, etwa 3 mm dicken Teigstück ausrollen und auf ein Backblech legen.

2 Den Pizzaboden dünn mit Tomatensauce oder –püree bestreichen. Wenn Sie Tomatenstücke verwenden, diese in der Küchenmaschine oder einem Handmixer zuerst pürieren. Käse und Schinken darüber streuen.

3 Die Pizza für etwa 30 Minuten in den Kühlschrank stellen. Dann in 6 bis 8 Portionen schneiden, aber auf dem Blech lassen. Pizzastücke einfrieren, danach einzeln verpacken.

4 Bei Bedarf die gefrorenen Stücke etwa 20 Minuten im auf 200 °C vorgeheizten Backofen backen.

Hausgemachte »Baked Beans«

Baked Beans (gebackene Bohnen) sind in der englischen Küche für Groß und Klein ein Muss. Da die Fertigprodukte in Dosen meist viel Zucker enthalten, sollten Sie die Bohnen am besten selbst zubereiten.

Für 6 bis 8 Portionen

175 g	**getrocknete weiße Bohnen**
400 g	**frische Tomatensauce (s. Seite 122) oder**
400 g	**Tomatenstücke aus der Dose**
25g	**Butter**
1 EL	**Olivenöl**
1	**kleine Zwiebel, geschält und fein gehackt**
1	**Knoblauchzehe, geschält und zerdrückt**
450 ml	**ungesalzene Geflügel- oder Gemüsebrühe (s. Seite 125)**
1	**Lorbeerblatt**
2	**Zweige frischer Thymian**

1 Die Bohnen über Nacht in kaltem Wasser einweichen. Das Wasser abgießen und wieder so viel Wasser dazugeben, dass die Bohnen bedeckt sind. Die Bohnen köcheln lassen, bis sie weich sind (1¼ bis 1½ Stunden), anschließend abtropfen lassen.

2 Die Tomatensauce zubereiten und beiseite stellen.

3 Butter und Öl erhitzen, Zwiebel und Knoblauch darin etwa 4 Minuten dünsten. Die Tomatensauce (oder die Tomatenstücke) dazurühren. Brühe, Bohnen, Lorbeerblatt und Thymian dazugeben und alles zum Kochen bringen. Die Hitzezufuhr reduzieren und das Ganze bedeckt bei sehr kleiner Hitzezufuhr etwa 10 Minuten köcheln lassen. Dabei gelegentlich umrühren und etwas Wasser, wenn nötig, zufügen.

4 Lorbeerblatt und Thymian entfernen. Für kleine Kinder alles zerkleinern. Die Bohnen in Portionen teilen, servieren oder abkühlen lassen und tiefgefrieren.

Würstchen und Baked Beans

Vergewissern Sie sich, dass Sie Würstchen von bester Qualität kaufen. Sie sollten in erster Linie viel Fleisch und kaum Fett enthalten. Probieren Sie verschiedene Sorten aus.

Für 6 bis 8 Portionen

ca. 200 g kleine Bratwürstchen
»Baked Beans« hausgemacht (s. links)

1 Den Backofen auf 160 °C vorheizen.

2 Die Würstchen bei mittlerer Hitzezufuhr in einer Pfanne etwa 5 Minuten braten. Die Bohnen in eine feuerfeste Form geben, die Würstchen dazugeben und alles etwa 20 Minuten backen.

3 Das Ganze leicht abkühlen lassen und die Würstchen in Stücke schneiden. Alles mischen, in Portionen teilen, servieren oder tiefgefrieren.

Kabeljau in Petersilien-Fenchel-Buttersauce

So lässt sich der Anteil an Fisch im Speiseplan Ihres Sprösslings leicht erhöhen. Weißer Fisch ist eine gute Eiweißquelle und leicht verdaulich. Ich nehme Kabeljaufilet, da es selten Gräten hat und schön dick ist.

Für 6 bis 8 Portionen

1	**kleiner Gemüsefenchel (ca. 100 g), geputzt und in 8 Stücke geschnitten**
ca. 600 ml	**ungesalzene Fischbrühe (s. Seite 125)**
ca. 250 g	**Kabeljaufilet ohne Haut und Gräten**
40 g	**Butter**
1 EL	**gehackte Petersilie**

1 Das Wasser in einem Topf zum Kochen bringen. Die Fenchelstücke hineingeben und 8 bis 10 Minuten oder so lange, bis der Fenchel weich ist, kochen. Den Fenchel mit kaltem Wasser abspülen und abtropfen lassen, dann in kleine Stücke schneiden.

2 Die Brühe in einen Topf geben und zum Köcheln bringen. Den Kabeljau hineinlegen und 5 bis 7 Minuten darin ziehen lassen. Die Garzeit hängt von der Dicke des Filets ab. Den Fisch herausnehmen und beiseite stellen.

3 Die Brühe bei großer Hitzezufuhr etwa 4 Minuten einkochen lassen, dann durch ein Sieb gießen. 150 ml der reduzierten Brühe in einen Topf geben. Die Butter dazugeben und alles glatt verrühren. Petersilie und Fenchel dazugeben.

4 Den Fisch gut zerkleinern und in die Sauce geben. Für jüngere Kinder den Fisch zuerst in einer Küchenmaschine zerkleinern. Alles in Portionen teilen und servieren oder abkühlen lassen und tiefgefrieren.

Zubereitungstipp

Die grünen Stiele und die äußere Fenchelschicht, die braune Stellen haben kann, entfernen. Den Strunk abschneiden. Den Fenchel vierteln und den Strunk herausschneiden, die einzelnen Schichten jedoch nicht voneinander trennen.

Dosensardinen in Tomatensauce mit cremigem Kartoffelbrei

Die Zubereitung dieses Gerichts ist verblüffend einfach, so einfach, dass man wahrscheinlich selbst nicht auf die Idee kommt. Sie können auch ein bisschen Gemüse dazugeben. Coco jedoch schmeckt es so, wie es ist.

Nehmen Sie 3 Dosen Sardinen zu je 125 g und fügen Sie 3 bis 4 Esslöffel frische Tomatensauce dazu (Rezept, siehe Seite 122).

Nehmen Sie keine frischen Sardinen, denn es ist sehr schwer alle Gräten zu entfernen. Sardinen aus der Dose gibt es bereits entgrätet.

Für 6 bis 8 Portionen

3–4	**mittelgroße Kartoffeln (350–400 g), mehlig kochend**
3–4 EL	**frische Tomatensauce (s. Seite 122) oder Tomatenstücke aus der Dose**
ca. 300 g	**Sardinen ohne Gräten aus der Dose**

1 Den Kartoffelbrei (s. Seite 121) und die Tomatensauce zubereiten und beiseite stellen.

2 Die Sardinen in einer Küchenmaschine zerkleinern oder mit einer Gabel zerdrücken. Den Kartoffelbrei und die Tomatensauce hinzufügen.

3 Das Ganze in Portionen teilen, servieren oder abkühlen lassen und tiefgefrieren.

»Oooooh!«

Ernährungsinfo

Sardinen enthalten viel Jod und Omega-3-Fettsäuren.

Kartoffeln sind eine sehr gute Kohlenhydratquelle, reich an Vitamin C, Vitamin B_1 und B_6 und dem Mineralstoff Kalium.

Thunfisch mit Kartoffeln, Schnittlauch und Zuckermais

Dies ist ein so einfaches Gericht, das Sie sogar dann zubereiten können, wenn Sie unter Zeitdruck schnell etwas Leckeres auf den Tisch bringen müssen.

Coco schmeckt es inzwischen. Doch als sie es vor 4 oder 5 Monaten zum ersten Mal probierte, spuckte sie es – sehr zum Gefallen ihrer beiden älteren Brüder – auf den Boden. Sie hielten es für Übermut. Doch Coco, bestärkt durch die Aufmerksamkeit ihrer Brüder, fuhr mit dem Spucken fort. So mussten Leon und Max das Zimmer verlassen, bis Coco sich beruhigt hatte. Danach bekam Coco das Gericht ungefähr 5 Wochen lang nicht, bevor ich es wieder auf ihren Speiseplan setzte.

Wenn Ihr Kind etwas nicht mag, wird es Ihnen das sofort zeigen. Ich machte um Cocos Ablehnung kein Aufhebens, nahm das Gericht einfach weg und bot es ein paar Wochen später wieder an.

Für 6 bis 8 Portionen

350 g Gemüsemais aus der Dose
2 Dosen Thunfisch in Wasser oder in Öl (à 185 g)
1 kleines Bund Schnittlauch, gewaschen und gehackt
4 mittelgroße Kartoffeln (ca. 450 g), mehlig kochend
50 g Butter
ein bisschen von Babys üblicher Milch

1 Den Zuckermais und den Thunfisch abtropfen lassen, dann zusammen mit dem Schnittlauch in der Küchenmaschine zerkleinern.

2 Den Kartoffelbrei zubereiten (s. Seite 121), dabei die Butter zugeben.

3 Die Thunfischmischung zu den Kartoffeln geben und so viel Milch dazugeben, dass der Brei die richtige Konsistenz bekommt.

4 Das Ganze in Portionen teilen, servieren oder abkühlen lassen und tiefgefrieren. So einfach ist das!

Gebackener Thunfisch

Dies ist ein wunderbares Gericht für die ganze Familie. Es lässt sich auch zerkleinern, in Portionen teilen und tiefgefrieren. Vor dem Überbacken können Sie Käse oder Brotbrösel darüber streuen. Oder Sie lassen es einfach, wie es ist.

Für 6 bis 8 Portionen

400 g	**frische Tomatensauce (s. Seite 122) oder Tomatenstücke aus der Dose**
175 g	**Nudeln (jede Form)**
25 g	**Butter**
1 EL	**Sonnenblumenöl**
1	**kleine Zwiebel, geschält und gehackt**
ca. 180 g	**Thunfisch aus der Dose**

1 Die Tomatensauce zubereiten und beiseite stellen.

2 Den Backofen auf 150 °C vorheizen.

3 Die Nudeln nach Packungsanweisung kochen, aber kein Salz zufügen. Das Wasser abgießen, die Nudeln abspülen und abtropfen lassen.

4 Butter und Öl erhitzen und die Zwiebel darin in 3 bis 4 Minuten weich dünsten. Die Tomatensauce oder die Tomatenstücke dazugeben und das Ganze zum Köcheln bringen. Den abgetropften Thunfisch dazugeben.

5 Die Nudeln in eine feuerfeste Form geben, die Tomaten-Thunfisch-Sauce darüber geben. Alles mischen und im Ofen etwa 20 Minuten backen.

6 Das Ganze abkühlen lassen, dann in der Küchenmaschine zerkleinern. Das Gericht in Portionen teilen, servieren oder tiefgefrieren.

Ernährungsinfo

Thunfisch ist eine gute Quelle für Omega-3-Fettsäuren, die für die Nervenfunktion gebraucht werden. Außerdem ist er reich an Eiweiß, Vitamin D, Jod und Zink.

Putenpilaw

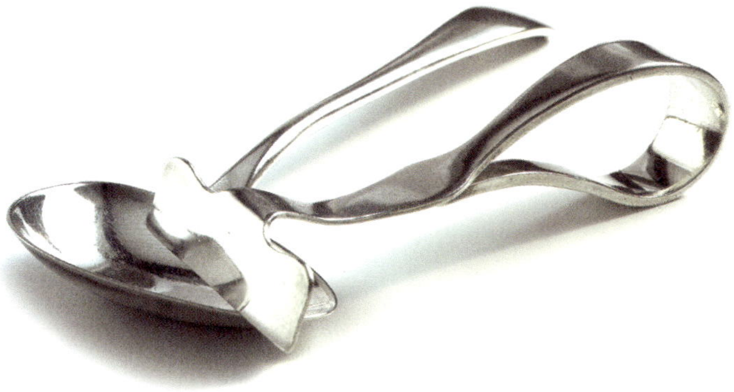

Für dieses Rezept verwende ich gewürfeltes Putenkeulenfleisch. Filet oder Schnitzel eignen sich auch, doch das Ganze kann dann ein wenig trocken werden. Bevorzugen Sie für dieses Rezept Langkornreis, denn er klebt während des Kochens nicht zusammen.

Sie können aber auch Vollkornreis verwenden. Er hat ein wunderbar nussiges Aroma und regt ihr Kind zum Kauen an. Vollkornreis braucht ein wenig länger, um weich zu werden, dafür enthält er mehr Nährstoffe als weißer Reis.

Für 6 bis 8 Portionen

25 g	**Butter**
100 g	**Putenkeulenfleisch, in Stücke geschnitten**
1	**kleine Zwiebel, geschält und gehackt**
175 g	**Langkornreis**
700–750 ml	**ungesalzene Geflügelbrühe (s. Seite 125)**

Ernährungsinfo

Putenfleisch ist reich an Eiweiß, Vitamin B_{12} und Selen, ein ausgezeichnetes Antioxidans.

1 Den Backofen auf 160 °C vorheizen.

2 Die Butter in einem ofenfesten Topf erhitzen, das Fleisch 3 bis 4 Minuten darin braun anbraten. Die Zwiebel und den Reis dazugeben und alles 3 bis 4 Minuten unter Rühren dünsten, bis der Reis glasig ist.

3 Die Brühe dazugeben – langsam gießen, da die Brühe schnell zum Kochen kommt und spritzt. Den Topf schließen und alles im Backofen 20 bis 25 Minuten garen, bis die Brühe ganz aufgenommen ist.

4 Das Gericht leicht abkühlen lassen und in einer Küchenmaschine zerkleinern. Eventuell mehr Brühe dazugeben, um die Konsistenz zu verbessern. Das Ganze in Portionen teilen, servieren oder tiefgefrieren.

Hähnchen-Kürbis-Risotto

Der Kürbis zerfällt und verleiht dem Risotto eine angenehme Saftigkeit. Nehmen Sie eine festfleischige Sorte wie Muskat- oder Butternut-Kürbis und ziehen Sie Risottoreis, wie Arborio oder Carnaroli, dem Langkornreis vor. Das Risotto schmeckt so einfach leckerer.

Für 6 bis 8 Portionen

25 g	Butter
1 EL	Olivenöl
1	kleine Zwiebel, geschält und gehackt
ca. 250 g	Hähnchenbrust, enthäutet und gewürfelt
ca. 250 g	Muskat- oder Butternut-Kürbis, geschält und gewürfelt
100 g	Risottoreis
300 ml	ungesalzene Geflügelbrühe (s. Seite 125)

1 Butter und Öl erhitzen. Zwiebel und Hähnchenfleisch darin etwa 2 Minuten braun anbraten. Reis und Kürbis dazugeben und 1 Minute braten.

2 Die Geflügelbrühe dazugeben und das Ganze 20 bis 25 Minuten köcheln, dabei gelegentlich umrühren. Der Reis sollte weich sein und die Brühe aufgenommen haben. Das Risotto wenn nötig zerkleinern, in Portionen teilen und servieren oder abkühlen lassen und tiefgefrieren.

Ernährungsinfo

Hähnchenfleisch ist eine gute, fettarme Quelle für Eiweiß.

Kürbisse sind reich an Beta-Carotin, einer Vorstufe von Vitamin A, das für eine gesunde Haut, zum Schutz vor Infektionen und für die Augen wichtig ist.

Reis liefert wichtige Kohlenhydrate.

Gebratene Hähnchenleber mit Frühstücksspeck und Salbei

Geflügelleber ist sehr nahrhaft und für Kinder über 1 Jahr großartig. Sie schmeckt nicht so streng wie die Leber anderer Tierarten und passt sehr gut zu Salbei.

Für 6 bis 8 Portionen

- **2 Scheiben ungeräucherter Frühstücksspeck (ca. 50 g), gewürfelt**
- **3 mittelgroße Kartoffeln (ca. 350 g), mehlig kochend**
- **200 g Hähnchenleber**
- **1 EL Sonnenblumenöl**
- **1 kleine Zwiebel, geschält und gehackt**
- **180ml Wasser**
- **4 frische Salbeiblätter, gehackt**

1 Den Frühstücksspeck etwa 30 Minuten in Wasser einweichen, um ihn etwas zu entsalzen.

2 Den Kartoffelbrei zubereiten (s. Seite 121) und beiseite stellen.

3 Die Hähnchenleber kurz abspülen und mit Küchenpapier trockentupfen. Die Adern, sofern vorhanden, entfernen und die Leberstücke in schmale Scheiben schneiden.

4 Das Öl in einer beschichteten Pfanne erhitzen und die Zwiebel etwa 4 Minuten darin anbraten. Zum Schluss 2 Esslöffel Wasser dazugeben, aufkochen lassen und dabei den Bratensatz mit einem Holzlöffel vom Pfannenboden lösen.

5 Wenn das Wasser eingekocht ist, die Leber und den Speck dazugeben und alles etwa 5 Minuten braten. Den Salbei und die restlichen 150 ml Wasser dazugeben. Das Ganze 1 bis 2 Minuten köcheln lassen, bis die Leber gar ist.

6 Das Ganze in einer Küchenmaschine zerkleinern oder für größere Kinder stückig lassen. Leber zum Kartoffelbrei geben. Leicht abkühlen lassen, in Portionen teilen, servieren oder tiefgefrieren.

Zubereitungstipp

Um die Adern der Leber zu entfernen, einen Leberlappen halten, die Ader herausziehen, dazu mit der Messerklinge den anderen Leberlappen wegziehen. Die Ader festhalten und mit dem zweiten Leberlappen wiederholen.

Callums Eintopf

Ein Koch von Martin, Callum aus Schottland, bereitete dieses Eintopfgericht meist als Mittagessen für die Belegschaft zu. Unsere Jungs mussten immer etwas abbekommen, da es eines ihrer Lieblingsgerichte ist. Leon aß es sogar zum Frühstück. Coco – welche Überraschung – mochte es auch von aller Anfang an. Dieses Gericht keinesfalls in der Küchenmaschine zerkleinern, da die Kartoffeln klebrig werden. Bereiten Sie es also zu, wenn Ihr Kind alt genug ist, um die Speckstücke zu kauen.

Für 6 bis 8 Portionen

1 kleines Stück Butter
1 kleine Zwiebel, geschält und in Scheiben geschnitten
100 g magerer Frühstücksspeck, in Streifen geschnitten
4 große Kartoffeln (ca. 750 g), geschält und dünn geschnitten
2 mittelgroße Karotten (ca. 250 g), geschält, dünn geschnitten
1 Lorbeerblatt
2 Zweige frischer Thymian
ca. 850 ml ungesalzene Geflügelbrühe (s. Seite 125)

1 Die Butter in einer Pfanne erhitzen und die Zwiebel, den Speck, die Kartoffeln und die Karotten 4 bis 5 Minuten leicht braten. Dabei immer umrühren. Das Lorbeerblatt und den Thymian dazugeben. Den Topf schließen und alles bei mittelgroßer Hitzezufuhr etwa 5 Minuten braten, dabei gelegentlich umrühren. Das Ganze soll nicht bräunen. So viel Brühe dazugeben, dass die Zutaten bedeckt sind. Alles zugedeckt etwa 45 Minuten oder so lange, bis das Gemüse weich ist, köcheln lassen.

2 Das Ganze über einer Schüssel absieben, die Flüssigkeit auffangen. Die Kräuter entfernen und die Zutaten zerdrücken. Etwas von der Flüssigkeit dazugeben, um die Konsistenz zu verbessern.

3 Das Gericht in Portionen teilen, servieren oder abkühlen lassen und tiefgefrieren.

Ernährungsinfo

Frühstücksspeck enthält Fett, Vitamin B und Zink.

Zwiebeln fördern die Verdauung von fetten Lebensmitteln und wirken antimikrobiell.

Thymian, ein Küchenkraut, fördert die Verdauung und wirkt antiseptisch.

Nudeln mit Paprikaschoten, Schinken und Brokkoli in einer cremigen Sauce

Coco bekam das Gericht zum ersten Mal, als sie etwa 6 Monate alt war. Es schmeckte ihr überhaupt nicht. Befanden sich Paprikaschoten in ihrem Essen, zeigte sie schnell Missfallen und spuckte es aus! Ihr Geschmack änderte sich jedoch im Laufe der Zeit. Mit 18 Monaten aß sie Schnitze von rohen Paprikaschoten.

Für 6 Portionen

175 g	Nudeln (jede Form)
275 ml	weiße Sauce (s. Seite 121)
1	kleine rote Paprikaschote
175 g	Brokkoli, in Röschen zerteilt
25 g	Butter
1	kleine Zwiebel, geschält und gehackt
1	Knoblauchzehe, geschält und gehackt
100 g	Schinken in Scheiben

1 Die Nudeln nach Packungsanweisung kochen, aber kein Salz zufügen. Das Wasser abgießen, die Nudeln abspülen und abtropfen lassen

2 Die weiße Sauce zubereiten und beiseite stellen. Die Paprikaschote halbieren, das Kerngehäuse und die Trennwände entfernen und das Fruchtfleisch hacken.

3 Den Brokkoli in kochendem Wasser etwa 5 Minuten oder so lange, bis er weich ist, garen. Die Butter in einer Pfanne schmelzen. Zwiebel, Knoblauch und Paprikaschote darin unter Rühren andünsten, dann alles 4 Minuten garen. Die weiße Sauce dazugeben, den Schinken, die Nudeln und den Brokkoli hineinrühren.

4 Für kleinere Kinder die Mischung in der Küchenmaschine zerkleinern, für ältere stückig lassen. Das Ganze in Portionen teilen, servieren oder abkühlen lassen und tiefgefrieren.

Schinken mit Linsen und Karotten

Kaufen Sie qualitätsvollen Schinken beim Metzger oder im Supermarkt. Das Gericht schmeckt gebraten zum Frühstück am besten.

Für 6 bis 8 Portionen

4	**mittelgroße Kartoffeln (ca. 450 g), mehlig kochend**
25 g	**Butter**
2 TL	**Sonnenblumenöl**
1	**kleine Zwiebel, geschält und gehackt**
1	**kleine Knoblauchzehe, geschält und zerdrückt**
1	**mittelgroße Karotte (ca. 100 g), geschält und klein gewürfelt**
100 g	**rote Linsen, gewaschen**
ca. 600 ml	**ungesalzene Geflügel- oder Gemüsebrühe (s. Seite 125)**
175 g	**gekochter Schinken, in Scheiben geschnitten oder gewürfelt**

1 Den Kartoffelbrei zubereiten (s. Seite 121) und beiseite stellen.

2 Butter und Öl in einem Topf erhitzen. Zwiebel, Knoblauch, Karotte und Linsen darin etwa 4 Minuten dünsten. So viel Brühe dazugeben, bis das Gemüse bedeckt ist. Das Ganze im offenen Topf 35 bis 40 Minuten kochen lassen. Dabei gelegentlich umrühren und etwas Brühe dazugeben, wenn sie aufgenommen ist. Den Schinken dazugeben und alles 3 bis 4 Minuten garen.

3 Den Topf vom Herd nehmen und das Ganze vollkommen abkühlen lassen. Die Mischung in einer Küchenmaschine zerkleinern, dann zum Kartoffelbrei geben. Noch etwas Brühe dazugeben, falls dies notwendig ist, um die Konsistenz zu verbessern. Für ältere Kinder alles zerdrücken oder einfach etwas stückig lassen. Das Ganze in Portionen teilen, servieren oder tiefgefrieren.

Lammhack mit Kürbis

Lamm ist eine gute Alternative zu Rind und eine ausgezeichnete Quelle für Eisen und Eiweiß – beides unerlässlich für das Wachstum von Kindern.

Gartenkürbis an sich schmeckt ziemlich fade. Doch in diesem Gericht macht er sich wunderbar.

»mehr... mehr...mehr!«

Für 6 bis 8 Portionen

ca. 200 g	**Gartenkürbis, geschält**
25 g	**Butter**
1 EL	**Olivenöl**
1	**kleine Zwiebel, geschält und gehackt**
1	**Knoblauchzehe, geschält und zerdrückt**
220 g	**mageres Lammhackfleisch**
2 TL	**Tomatenpüree**
1	**Lorbeerblatt**
ca. 300 ml	**ungesalzene Lamm- oder Geflügelbrühe (s. Seite 125)**
175 g	**gekochter Langkornreis (ca. 60 g Rohprodukt)**

1 Den Kürbis halbieren und mit einem Löffel die Kerne entfernen. Das Fruchtfleisch in 1 cm große Würfel schneiden.

2 Butter und Öl in einem Topf erhitzen, Zwiebel und Knoblauch darin 3 bis 4 Minuten weich dünsten. Das Lammhackflesich dazugeben und etwa 4 Minuten oder so lange braten, bis es braun ist.

3 Den Kürbis, das Tomatenpüree und das Lorbeerblatt dazugeben. Die Brühe unter Rühren dazugeben, alles zum Kochen bringen und die Hitzezufuhr reduzieren. Das Ganze zugedeckt etwa 15 Minuten köcheln lassen. Den Deckel abnehmen und das Gericht etwa 15 Minuten kochen lassen, die Sauce dabei sirupartig einkochen lassen. Das Lorbeerblatt entfernen. Dann den Reis unterrühren.

4 Für kleine Kinder die Mischung in einer Küchenmaschine zerkleinern, für ältere stückig lassen. Das Ganze in Portionen teilen, servieren oder abkühlen lassen und tiefgefrieren.

Omas »Kartoffeln obendrauf«

Als Leon und Max klein waren und bei meinen Eltern lebten, pflegte meine Mutter dieses Gericht für sie zu kochen. Es wurde als »Kartoffeln obendrauf« bekannt – der Name ist bis heute geblieben. Inzwischen sind beide groß, wünschen sich jedoch immer noch »Kartoffeln obendrauf« bei Ihren Großeltern. Und Coco ist jedes Mal darüber erfreut.

Zubereitungstipp

»Kartoffeln obendrauf« sollten Sie nicht pürieren, die Kartoffeln werden sonst klebrig. Kann ihr Kind noch keine Kartoffelscheiben kauen, nehmen Sie einfach Kartoffelbrei.

Für 6 bis 8 Portionen

4	**mittelgroße Kartoffeln (ca. 450 g), gründlich gewaschen**
1 EL	**Sonnenblumenöl**
1	**kleine Zwiebel, geschält und gehackt**
1	**Knoblauchzehe, geschält und zerdrückt**
350 g	**mageres Rinderhackfleisch**
2	**mittelgroße Karotten (ca. 250 g), geschält und gewürfelt**
1	**Lorbeerblatt**
ca. 300 ml	**ungesalzene Rinderbrühe (s. Seite 124)**
50 g	**Hartkäse, gerieben**

1 Die ungeschälten Kartoffeln in einen Topf geben, so viel Wasser dazugeben, dass sie bedeckt sind und das Wasser zum Kochen bringen. Den Topf schließen, die Hitzezufuhr reduzieren und die Kartoffeln etwa 35 Minuten oder so lange kochen, bis sie weich sind. Die Garzeit hängt von der Größe der Kartoffeln ab. Das Wasser abgießen und die Kartoffeln abkühlen lassen. Die erkalteten Kartoffeln schälen, in ½ cm dicke Scheiben schneiden und beiseite stellen.

2 Das Öl in einem Topf erhitzen. Zwiebel, Knoblauch und Hackfleisch darin behutsam braun anbraten. Die Karotten, das Lorbeerblatt und die Brühe dazugeben. Das Ganze etwa 45 Minuten kochen, dabei jegliches Fett abschöpfen.

3 Inzwischen den Backofen auf 160 °C vorheizen. Das Lorbeerblatt entfernen. Die Fleischmischung in eine feuerfeste Form füllen und mit den Kartoffelscheiben bedecken. Den Käse darüber streuen und das Ganze etwa 45 Minuten backen, bis die Kartoffeln knusprig sind. Das Gericht etwas abkühlen lassen, dann in Portionen teilen, servieren oder tiefgefrieren.

Walisischer Eintopf meiner Großmutter

Dieses Rezept wurde von Generation zu Generation weiter gereicht, von meiner Großmutter an meine Mutter, von ihr an mich. »Lop scows«, so heißt es im Original, ist vor allem in Nordwales bekannt. Es gibt an einem kalten Wintertag nichts Besseres als diesen Eintopf – die Kinder lieben ihn.

Für 8 großzügige Portionen

- **2 mittelgroße Karotten (ca. 250 g), geschält**
- **½ Kohlrübe, geschält**
- **4 mittelgroße Kartoffeln (ca. 450 g), geschält**
- **450 g mageres Rindergulaschfleisch, in Stücke geschnitten**
- **1 Zwiebel, geschält und gehackt**

1 Das Gemüse und die Kartoffeln in große Würfel schneiden. Das Fleisch, die Zwiebel, die Karotten und die Kohlrübe in einen Topf geben und so viel Wasser dazugeben, dass alles damit bedeckt ist. Das Wasser zum Kochen bringen und den Schaum abschöpfen. Die Hitzezufuhr reduzieren und den Eintopf für etwa 1¼ Stunden köcheln lassen, ab und zu abschäumen.

2 Die Kartoffeln dazugeben, den Topf schließen und den Eintopf etwa 20 Minuten oder so lange kochen lassen, bis die Kartoffeln weich sind.

3 Den Eintopf leicht abkühlen lassen und die Zutaten zerdrücken. (Die Kartoffeln nicht in der Küchenmaschine pürieren.) Das Ganze in Portionen teilen, servieren oder tiefgefrieren.

Rindfleisch-Tomaten-Topf

Ein sehr gesunder Eintopf für die ganze Familie, da er viele Wintergemüse mit all ihren nahrhaften Vorzügen enthält. Wenn Sie die Zutaten angebraten haben, stellen Sie den Topf einfach in den Backofen.

Für 8 großzügige Portionen

400 g	**frische Tomatensauce (s. Seite 122) oder Tomatenstücke aus der Dose**
2 EL	**Sonnenblumenöl**
220 g	**mageres Rindergulaschfleisch, gewürfelt**
1	**kleine Zwiebel, geschält und gehackt**
1	**Knoblauchzehe, geschält und gehackt**
50 g	**kleine Champignons**
½	**Kohlrübe (ca. 175 g), geschält und fein gewürfelt**
50 g	**Lauch, gehackt**
1	**kleine Pastinake (ca. 100 g), geschält und gehackt**
3	**mittelgroße Kartoffeln (ca. 350 g), geschält und gewürfelt**
ca. 600 ml	**ungesalzene Rinderbrühe (s. Seite 124)**
1	**Lorbeerblatt**

1 Die Tomatensauce zubereiten und beiseite stellen.

2 Den Backofen auf 160 °C vorheizen.

3 Das Öl in einem ofenfesten Schmortopf mit dickem Boden erhitzen. Das Fleisch darin etwa 4 Minuten braun anbraten. Zwiebel, Knoblauch, Pilze, Kohlrübe, Lauch, Pastinake und Kartoffeln dazugeben. Das gesamte Gemüse etwa 4 Minuten braun anbraten.

4 Die Tomatensauce (oder die Tomaten) und die Brühe unterrühren, das Lorbeerblatt dazugeben. Das Ganze zum Kochen bringen, den Topf schließen und in die Mitte des Backofens stellen. Alles etwa 1½ Stunden oder so lange garen, bis die Zutaten weich sind. Den Eintopf anschließend im Topf abkühlen lassen.

5 Wenn das Gericht erkaltet ist, das Lorbeerblatt entfernen. Die Zutaten über einer Schüssel absieben, die Flüssigkeit auffangen.

6 Das Fleisch zusammen mit dem Gemüse in einer Küchenmaschine pürieren, dabei etwas Flüssigkeit dazugeben, um die Konsistenz zu verbessern. Für ältere Kinder die Zutaten einfach zerdrücken. Den Eintopf in Portionen teilen, servieren oder tiefgefrieren.

Cocos einfache Sauce Bolognese

Zerkleinern Sie das Ganze in einer Küchenmaschine, spielt die Nudelgröße keine Rolle. Für ältere Kinder jedoch machen unterschiedliche kleine Nudelformen das Gericht interessanter. Wichtig ist, Ihr Kind frühzeitig zum Kauen anzuregen und es so an verschiedene Lebensmittel zu gewöhnen. Studien zufolge werden Kinder, die sich früh ans Kauen gewöhnen, keine verwöhnten Esser.

Für 6 bis 8 Portionen

400 g	**frische Tomatensauce (s. Seite 122) oder Tomatenstücke aus der Dose**
100 g	**Nudeln (jede Form)**
1 EL	**Sonnenblumenöl**
1	**kleine Zwiebel, geschält und gehackt**
280 g	**mageres Rinderhackfleisch**
ca. 300 ml	**ungesalzene Rinderbrühe (s. Seite 124)**
1	**Lorbeerblatt**

1 Die Tomatensauce zubereiten und beiseite stellen.

2 Die Nudeln nach Packungsanweisung kochen, aber kein Salz zufügen. Das Wasser abgießen, die Nudeln abspülen und abtropfen lassen

3 Das Öl in einem Topf erhitzen, die Zwiebel und das Fleisch darin 6 bis 8 Minuten braun braten. Die Tomatensauce (oder die Tomaten) und die Brühe darunter rühren. Das Lorbeerblatt hinzufügen. Alles zum Kochen bringen und die Hitzezufuhr reduzieren. Die Sauce etwa 40 Minuten köcheln lassen, dann vom Herd nehmen.

4 Das Lorbeerblatt aus der abgekühlten Sauce nehmen. Die Nudeln und die Sauce in einer Küchenmaschine zerkleinern, oder für ältere Kinder stückig lassen. Die Mischung in Portionen teilen, dann servieren oder tiefgefrieren.

Ernährungsinfo

Tomaten sind reich an Beta-Carotin und Lykopin, die genauso wie Vitamin C als starkes Antioxidans wirken und damit vor Krebs schützen können.

Nudeln enthalten viele Kohlenhydrate und liefern Kindern eine Menge Energie zum Spielen, Toben und Lernen.

Coco, die Feinschmeckerin

Lassen Sie sich vom Wort »Feinschmeckerin« nicht abschrecken. Für die Zubereitung der Mahlzeiten in diesem Kapitel brauchen Sie lediglich ein wenig mehr Zeit.

Anspruchsvoll sind die Rezepte nur im Hinblick auf die Vielfalt der verwendeten Zutaten. Damit bieten Sie Ihrem Kind jedoch die Möglichkeit, unterschiedlich schmeckende und zusammengesetzte Lebensmittel zu probieren. Denken Sie daran, dass unsere Kinder die zukünftigen Eltern, Verbraucher und Restaurantbesucher sind. Werden die Kleinen mit der Vielfalt unserer Nahrungsmittel frühzeitig vertraut gemacht, lernen sie die ganze Bandbreite nahr- und schmackhafter Lebensmittel kennen. Dies ist eine hervorragende Voraussetzung für einen guten Start ins Leben.

Nun denn: Frisch gewagt, ist schon gewonnen! Coco liebt das kulinarische Abenteuer und all diese Rezepte.

Würziger Blumenkohl mit Kreuzkümmel

Ich bereitete dieses Gericht für die Familie als Teil eines Currys zu. Coco wollte wie immer gleich davon probieren. Es war ein wenig zu scharf für sie, doch es schmeckte ihr. Deshalb habe ich das Rezept dem jungen Gaumen angepasst.

Kreuzkümmel ist mit der Petersilie verwandt und ähnelt in seinem aromatischen, scharfen Geschmack dem Kümmel. Verwenden Sie ihn sparsam, denn er kann recht würzig sein.

Für 6 bis 8 Portionen

2 – 3	**mittelgroße Kartoffeln (ca. 275 g), mehlig kochend**
400 g	**frische Tomatensauce (s. Seite 122) oder Tomatenstücke aus der Dose**
1	**Blumenkohl (ca. 450 g), in Röschen geteilt**
25 g	**Butter**
1 EL	**Sonnenblumenöl**
1	**kleine Zwiebel, geschält und gehackt**
1	**Knoblauchzehe, geschält und gehackt**
¼ TL	**gemahlener Kreuzkümmel**

1 Den Kartoffelbrei (s. Seite 121) und die Tomatensauce zubereiten und beides beiseite stellen.

2 Den Blumenkohl in sprudelnd kochendes Wasser geben. Im offenen Topf etwa 15 Minuten oder so lange, bis er weich ist, kochen. Das Gemüse absieben.

3 Butter und Öl in einem Topf erhitzen, Zwiebel und Knoblauch darin etwa 3 Minuten dünsten. Die Tomatensauce (oder die Tomatenstücke) und den Kreuzkümmel dazugeben, das Ganze etwa 5 Minuten köcheln lassen.

4 Die Tomatensauce und den Blumenkohl in einer Küchenmaschine zerkleinern, für ältere Kinder stückig lassen. Das Ganze zum Kartoffelbrei geben. Das Gericht in Portionen teilen, servieren oder abkühlen lassen und tiefgefrieren.

Ernährungsinfo

Blumenkohl ist reich an Folsäure, Vitamin B_1, B_6 und Kalium. Darüber hinaus enthält er krebsschützende Glukosinolate.

Rotzunge mit Gemüse in cremiger Sauce

Es ist sehr wichtig, Ihrem Kleinkind Fisch zum Essen zu geben. Manche schrecken vor der Zubereitung zurück. Dennoch: Es ist wirklich einfach.

Rotzungen haben ein wunderbar zartes Aroma und nur eine große Mittelgräte, die entfernt werden muss. Ihr Fleisch ist weicher und zarter als das der Seezunge und preiswerter als diese ist sie auch. Alternativ können Sie Scholle verwenden.

Für 6 bis 8 Portionen

2–3	**mittelgroße Kartoffeln (ca. 275 g), mehlig kochend**
1	**kleine Karotte (ca. 50 g), geschält und fein geschnitten**
50g	**Prinzessbohnen**
50 g	**TK-Erbsen**
ca. 600 ml	**ungesalzener Fischfond**
230 g	**Rotzungenfilet ohne Haut**
150 ml	**weiße Sauce (s. Seite 121)**
50 g	**Hartkäse, gerieben**

1 Den Kartoffelbrei zubereiten (s. Seite 121) und beiseite stellen.

2 Die Karotten in einen Topf geben, so viel Wasser dazugeben, dass sie bedeckt sind, und das Ganze zum Kochen bringen. Die Karotten im geschlossenen Topf etwa 12 Minuten weich kochen, absieben und beiseite stellen. Die Bohnen in sprudelnd kochendes Wasser geben, 4 bis 5 Minuten kochen, dann absieben und beiseite stellen. Die Erbsen in sprudelnd kochendes Wasser geben und etwa 3 Minuten kochen, absieben und beiseite stellen.

3 Die Brühe in einem Topf zum Köcheln bringen. Das Fischfilet darin 3 bis 5 Minuten – das hängt von der Dicke des Filets ab – ziehen lassen. Wenn es durchgegart ist und sich fest anfühlt, herausnehmen und beiseite stellen. Das Fleisch des erkalteten Fisches auseinander zupfen.

4 Die weiße Sauce zubereiten, den Käse dazugeben und unter Rühren darin schmelzen lassen. Das Gemüse und das Fischfilet in die Sauce geben. Das Ganze in einer Küchenmaschine zerkleinern oder für ältere Kinder stückig lassen. Die Mischung zum Kartoffelbrei geben. Das Ganze in Portionen teilen, servieren oder abkühlen lassen und tiefgefrieren.

Mehr über ...

Käse

Für dieses Gericht nehme ich Cheddar, weil er gewöhnlich in meinem Kühlschrank ist. Sie können jedoch auch anderen Hartkäse verwenden. Vergewissern Sie sich, dass er aus pasteurisierter Milch hergestellt wurde. Weiche Rohmilchkäse sind für Kleinkinder nicht empfehlenswert, da sie Listerien enthalten und Erkrankungen hervorrufen können. Käse ist reich an Eiweiß und Kalzium, das gut für Knochen und Zähne ist.

Seeteufel mit Pilzen, dicken Bohnen, Kartoffeln und Bohnenkraut

Ich habe für dieses Rezept Seeteufel genommen, weil wir ihn meist im Restaurant haben. Es ist ein wunderbar festfleischiger Fisch ohne winzige Gräten. Er liefert lebensnotwendiges Eiweiß und ist leicht verdaulich. Sie können statt Seeteufel auch Kabeljau nehmen.
Bohnenkraut ist ein Küchenkraut mit einem scharfen, pfeffrigen Aroma. Deshalb sollten Sie es sparsam einsetzen. Es passt perfekt zu Bohnen und Hülsenfrüchten, fördert die Verdauung und stimuliert den Appetit. Sollte es nicht erhältlich sein, nehmen Sie statt dessen Wasserkresse.

Für 6 bis 8 Portionen

4	mittelgroße Kartoffeln (ca. 450 g), mehlig kochend
175 g	dicke Bohnen, ausgepult
75 g	Butter
2 EL	Olivenöl
230 g	Seeteufel oder Kabeljau, ohne Haut und Gräten
200 g	kleine Champignons, in feine Scheiben geschnitten
2	Zweige Bohnenkraut oder
1	kleiner Bund Wasserkresse
125 ml	von Babys üblicher Milch

1 Den Kartoffelbrei zubereiten (s. Seite 121) und beiseite stellen.

2 Inzwischen die dicken Bohnen in kochendes Wasser geben, aufkochen lassen und so lange kochen, bis sie weich sind. Junge Bohnenkerne brauchen 4 bis 5 Minuten, je größer und älter sie werden, desto mehr Zeit ist erforderlich. Die Haut eines Bohnenkerns entfernen und überprüfen, ob der Kern weich ist. Die gar gekochten Bohnenkerne mit kaltem Wasser abspülen und abtropfen lassen. Dann die Haut der Bohnen abschälen. Das ist viel Arbeit, aber es lohnt sich!

3 Etwa 25 g Butter und 1 Teelöffel Öl erhitzen. Den Fisch etwa 5 Minuten darin braten, bis er fest und nicht mehr glasig ist. Die Garzeit hängt von der Dicke des Filets ab. Den Fisch beiseite stellen. Restliches Öl und restliche Butter erhitzen und die Champignons darin etwa 5 Minuten behutsam dünsten.

4 Den Fisch zusammen mit dem ausgetretenen Saft, die Pilze, die Bohnen und die gewaschenen Bohnenkraut- oder Wasserkresseblätter in der Küchenmaschine zerkleinern. Etwas Milch dazugeben. Diese Mischung zum Kartoffelbrei geben und eventuell etwas Milch zugeben, um die Konsistenz zu verbessern. Das Ganze in Portionen teilen, servieren oder abkühlen lassen und tiefgefrieren.

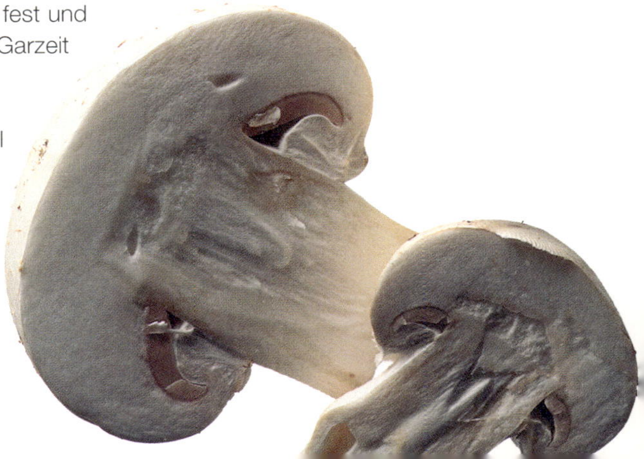

Lachs nach mediterraner Art

Ein Gericht, das nach Sonne und Süden schmeckt! An einem heißen Sommertag für die ganze Familie ein wahrer Genuss.

Für 6 bis 8 Portionen

400 g	**frische Tomatensauce (s. Seite 122) oder Tomatenstücke aus der Dose**
1 EL	**Sonnenblumenöl**
230 g	**Lachsfilet**
50 g	**Zwiebeln, geschält und gehackt**
1	**Knoblauchzehe, geschält und zerdrückt**
100 g	**rote Paprikaschote ohne Kerngehäuse, fein gewürfelt**
1	**Zucchini, fein gewürfelt**
25 g	**Butter**
1	**Zweig frischer Thymian**
4	**frische Basilikumblätter**
1	**Lorbeerblatt**
75 g	**kleine Nudeln**

1 Die Tomatensauce zubereiten und beiseite stellen.

2 Den Backofen auf 160 °C vorheizen.

3 Eine beschichtete Pfanne erhitzen. Das Öl hineingeben, den Fisch auf der Fleischseite hineinlegen und etwa 3 Minuten braten. Den Fisch wenden und auf der Hautseite ebenfalls 3 Minuten braten, aus der Pfanne nehmen und beiseite stellen. Wenn der Fisch erkaltet ist, die Haut entfernen und das Fleisch auseinander zupfen.

4 In einem ofenfesten Topf Zwiebel, Knoblauch, Paprikaschote und Zucchini in der Butter behutsam andünsten. Den Topf schließen und das Ganze bei geringer Hitzezufuhr etwa 8 Minuten garen, dabei gelegentlich umrühren.

5 Die Tomatensauce (oder die Tomatenstücke) und die Kräuter darunter rühren und das Ganze zum Kochen bringen. Den Lachs hineinlegen, den Topf schließen und in den Ofen stellen. Das Ganze 8 bis 10 Minuten garen, um sicherzugehen, dass der Lachs durchgegart und das Gemüse weich ist. Die Kräuter entfernen und das Ganze leicht abkühlen lassen.

6 Inzwischen die Nudeln nach Packungsanweisung kochen, aber kein Salz zufügen. Das Wasser abgießen, die Nudeln abspülen und abtropfen lassen.

7 Für ältere Kleinkinder den Lachs einfach mit Nudeln und Gemüse mischen, für jüngere alles in einer Küchenmaschine zerkleinern. Das Ganze in Portionen teilen, servieren oder tiefgefrieren.

Mehr über …

Lorbeerblätter

Die Blätter des immergrünen Baumes regen den Appetit an und fördern die Verdauung. Üblicherweise wird die Würze für Fischgerichte oder Eintöpfe, aber auch für süße Gerichte verwendet. Martin verwendet Lorbeerblätter, um die Milch für seine Lorbeer-Crème-brûlée zu aromatisieren.

Lachs mit Gemüse in cremiger Dillsauce

Kaufen Sie am besten Lachsfilet ohne Haut und Gräten. Tasten Sie das Fischfilet dennoch vorsichtig mit den Fingern nach Gräten ab, bevor Sie den Fisch kochen – sicher ist sicher.

Für 6 bis 8 Portionen

4	**mittelgroße Kartoffeln (ca. 450 g), mehlig kochend**
1	**mittelgroße Karotte (ca. 175 g), geschält und gehackt**
230 g	**Lachsfilet ohne Haut und Gräten**
275 ml	**von Babys üblicher Milch**
275 ml	**weiße Sauce, mit der Milch vom Garen des Lachses zubereitet**
5	**Zweige frischer Dill, gehackt**
50 g	**frische oder TK-Erbsen**

1 Den Kartoffelbrei zubereiten (s. Seite 121) und beiseite stellen.

2 In einem Topf die Karotte in etwa 12 Minuten oder solange, bis sie weich ist, kochen. Dann absieben und abtropfen lassen.

3 Den Fisch in einen ausreichend großen Topf legen und die Milch darüber gießen. Die Milch zum Kochen bringen, sofort die Hitzezufuhr reduzieren und den Fisch etwa 5 Minuten garen. Er sollte sich danach fest anfühlen. Den Lachs herausnehmen.

4 Die weiße Sauce mit der Milch, in der Lachs gegart wurde, zubereiten (s. Seite 121). Den Dill hinzugeben.

5 Die Erbsen etwa 2 Minuten kochen und absieben.

6 Karotte, Lachs und Erbsen zusammen in der Küchenmaschine zerkleinern, etwas von der Sauce dazugeben, um die Konsistenz zu verbessern. Das Ganze zum Kartoffelbrei geben und wenn nötig noch etwas Sauce darunter rühren. Das Gericht in Portionen teilen, servieren oder abkühlen lassen und tiefgefrieren.

Cremiges Hähnchen mit Champignons und Bohnen

Für ältere Babys, die bereits kauen können, das Hähnchen, die Bohnen und Champignons stückig lassen und nicht in der Küchenmaschine zerkleinern.

Für 6 bis 8 Portionen

3	mittelgroße Kartoffeln (ca. 350 g), mehlig kochend
150 ml	weiße Sauce
100 g	Buschbohnen
25 g	Butter
1 EL	Sonnenblumenöl
1	kleine Zwiebel, geschält und gehackt
280 g	Hähnchenbrustfilet ohne Haut, gewürfelt
50 g	kleine Champignons, in Scheiben geschnitten
150 ml	ungesalzene Geflügelbrühe (s. Seite 125)

1 Den Kartoffelbrei und die weiße Sauce (s. Seite 121) zubereiten und beiseite stellen.

2 Die Bohnen putzen, die Enden abschneiden, die Fäden abziehen. Die Bohnen in Stücke schneiden, in kochendem Wasser 4 bis 5 Minuten oder so lange, bis sie weich sind, kochen, dann absieben.

3 Butter und Öl erhitzen, die Zwiebel darin etwa 2 Minuten dünsten. Hähnchenfleisch und Champignons dazugeben und alles etwa 2 Minuten garen. Die Brühe und die Sauce hineinrühren und zum Kochen bringen. Die Hitzezufuhr reduzieren und das Ganze etwa 10 Minuten köcheln lassen, bis das Hähnchen durchgegart ist. Alles über einer Schüssel absieben und die Garflüssigkeit auffangen.

4 Die Bohnen und die Hähnchenmischung in einer Küchenmaschine zerkleinern. Die Mischung zum Kartoffelbrei geben, bei Bedarf etwas Sauce dazugeben. Das Ganze in Portionen teilen, servieren oder leicht abkühlen lassen und tiefgefrieren.

Hähnchen-Mais-Velouté mit Reis

Ein einfaches und dennoch sehr schmackhaftes Gericht, da die Geflügelbrühe der Sauce ein würziges Aroma verleiht.

Dieses Rezept dient auch als Grundlage für mein Hähnchen-Pie. Dafür verwenden Sie einfach die Gemüsesorten, die Ihnen schmecken. Legen Sie das gekochte Hähnchenfleisch und das Gemüse in eine Pieform, geben Sie die Sauce Velouté darüber und bedecken Sie alles mit Teig – Fertigteig ist hier auch geeignet. Alles ab in den Backofen und dann mit Reis oder Kartoffeln servieren.

Für 6 bis 8 Portionen

2	Hähnchenkeulen (ca. 350 g), ohne Haut
ca. 600 ml	ungesalzene Geflügelbrühe (s. Seite 125)
1	Lorbeerblatt
150 g	Langkornreis
50 g	TK-Gemüsemais
150 ml	Sauce Velouté (s. Seite 121), mit der Hähnchenbrühe zubereitet

1 Die Hähnchenkeulen zusammen mit der Brühe und dem Lorbeerblatt in einen Topf geben. Alles zum Kochen bringen und den Topf schließen. Die Hitzezufuhr reduzieren und das Ganze etwa 40 Minuten oder so lange, bis das Hähnchenfleisch weich ist, köcheln. Danach abkühlen lassen. Das Hähnchen aus der Brühe nehmen und das Fleisch von den Knochen lösen. Die Brühe für die Sauce beiseite stellen.

2 Den Reis nach Packungsanweisung kochen, aber kein Salz dazugeben. Den Reis absieben.

3 Den Mais etwa 3 Minuten in kochendem Wasser garen, dann absieben.

4 Die Brühe durch ein Sieb in einen sauberen Topf geben, vorher das Lorbeerblatt entfernen. Die Sauce Velouté auf dieselbe Weise wie die weiße Sauce zubereiten, aber anstelle der Milch die Brühe verwenden.

5 Das Hähnchenfleisch, den Mais und den Reis in einer Küchenmaschine zerkleinern, nach und nach ein wenig Sauce dazugeben. Für ältere Kinder das Ganze stückig lassen. Alles in Portionen teilen, servieren oder abkühlen lassen und tiefgefrieren.

Mehr über …

Sauce Velouté

Die Velouté wird nicht mit Milch, sondern mit Brühe zubereitet. So bringen sie den Hähnchengeschmack in die Sauce. Sie brauchen hier nur 150 ml Sauce, den Rest abkühlen lassen und einfrieren.

Gebackenes Hähnchen mit Zitrone und Rosmarin

Kaum zu glauben, wie einfach dieses Gericht ist! Alle Zutaten vorbereiten und ab damit in den Backofen.

Keine Angst, auch Kräuter gehören auf den Speiseplan Ihres Sprösslings, der nun neue Aromen kennen lernen kann. Rosmarin ist eine klassische Zutat des Zitronenhähnchens.

Für 6 bis 8 Portionen

3 mittelgroße Kartoffeln (ca. 350 g), mehlig kochend
1 mittelgroße Karotte (ca. 100 g), geschält und gewürfelt
2 Hähnchenkeulen (ca. 350 g), ohne Haut
1 Zweig Rosmarin
1 kleine Zwiebel, geschält und gehackt
ca. 300 ml ungesalzene Geflügelbrühe
Saft von ½ kleinen Zitrone

1 Den Kartoffelbrei (s. Seite 121) zubereiten und beiseite stellen.

2 Die Karotten etwa 12 Minuten weich kochen, dann absieben.

3 Den Backofen auf 170 °C vorheizen.

4 Die Hähnchenbeine in einen ofenfesten Topf legen, Rosmarin und Zwiebel dazugeben. Die Brühe dazugeben, alles zum Kochen bringen und den Topf schließen. Den Topf in den Backofen stellen und das Ganze etwa 40 Minuten oder so lange, bis das Hähnchenfleisch weich ist, garen.

5 Das Hähnchenfleisch im Topf abkühlen lassen, dann über einer Schüssel absieben und die Brühe auffangen.

6 Das Fleisch von den Knochen lösen, zusammen mit dem Zitronensaft, der Zwiebel und der Karotte in einer Küchenmaschine zerkleinern. Für ältere Kinder das Ganze stückiger lassen. Die Mischung zum Kartoffelbrei geben, wenn nötig noch etwas Brühe darunter rühren. Alles in Portionen teilen, servieren oder tiefgefrieren.

Geschmortes Schweinefleisch mit Aprikosen

Dies klingt nach einem Gericht für Große, doch es ist für Kleine auch geeignet. Das Aroma der Aprikosen passt hervorragend zum Schweinefleisch. Coco pickt meist zuerst die Aprikosen heraus. Nudeln, Reis oder Kartoffeln passen prima dazu.

Für 6 bis 8 Portionen

280 g	Schweineschulter, klein gewürfelt
2 EL	Mehl
25 g	Butter
1 EL	Sonnenblumenöl
1	kleine Zwiebel, geschält und gehackt
1	mittelgroße Karotte (ca. 100 g), geschält und fein gewürfelt
100 g	Lauch, gehackt
ca. 600 ml	ungesalzene Geflügelbrühe (s. Seite 125)
1	Lorbeerblatt
2	frische Aprikosen (oder 4 eingeweichte, getrocknete Aprikosen), gehackt

1 Den Backofen auf 160 °C vorheizen.

2 Das Fleisch mit Mehl bestäuben. Butter und Öl in einem feuerfesten Topf mit schwerem Boden erhitzen. Das Fleisch darin bei mittlerer Hitzezufuhr etwa 5 Minuten braun anbraten. Zwiebel, Karotte und Lauch dazugeben und alles etwa 4 Minuten braten.

3 So viel Brühe angießen, dass die Zutaten bedeckt sind, das Lorbeerblatt dazugeben und alles zum Kochen bringen. Den Topf schließen, in den Backofen stellen und das Gericht etwa 1 Stunde garen. Die Aprikosen dazugeben und alles etwa 15 Minuten oder so lange, bis das Fleisch weich ist, garen.

4 Das Gericht abkühlen lassen, das Lorbeerblatt entfernen. Alles in einer Küchenmaschine zerkleinern oder für ältere Kinder etwas stückig lassen. Das Ganze in Portionen teilen, servieren oder tiefgefrieren.

Ernährungsinfo

Lauch ist reich an Vitamin B_1 und Folsäure, enthält Vitamin C und Kalzium. Zwiebeln und Lauch fördern die Verdauung und enthalten Inhaltsstoffe mit cholesterinsenkender Wirkung.

Getrocknete Aprikosen sind gute Energielieferanten und reich an Kalium, das für gesunde Nerven und Muskeln wichtig ist.

Schweinefilet mit Champignons und Eiernudeln

Wir waren bei Freunden zu einem chinesischen Essen eingeladen. Für den Fall, dass Coco das Gericht nicht mochte, hatte ich eine Portion ihres Essens mitgebracht. Doch Nudeln, Fleisch und Champignons aufzupicken machte sie glücklich.

Hier eine einfache, schnell zu fertigende Variante des Rezepts. Nun kommen asiatische Aromen wie Ingwer oder Sojasauce auf den kindgerechten Speiseplan.

»Einfach toll«

Für 6 bis 8 Portionen

230 g	**Schweinefilet ohne Fett**
1 EL	**Sonnenblumenöl**
½ TL	**geriebener frischer Ingwer**
150 ml	**ungesalzene Geflügelbrühe (s. Seite 125)**
2 TL	**Sojasauce**
½	**kleine Zwiebel, geschält und gehackt**
25 g	**Butter**
50 g	**kleine Champignons, in feine Scheiben geschnitten**
100 g	**chinesische Eiernudeln**

1 Das Schweinefilet in Scheiben und dann in Streifen schneiden. Eine beschichtete Pfanne sehr gut erhitzen. Das Fleisch im Öl darin etwa 3 Minuten braten, bis es braun und gar ist. Ingwer, Brühe und Sojasauce dazugeben, alles zum Kochen bringen und die Pfanne vom Herd nehmen.

2 In einer anderen Pfanne die Zwiebel in der Butter etwa 2 Minuten dünsten, die Champignons dazugeben und alles etwa 2 Minuten darin braten. Das Fleisch zufügen.

3 Die Nudeln für 3 Minuten in kochendes Wasser geben, danach absieben und zum Fleisch geben. Alles leicht abkühlen lassen. Das Ganze in einer Küchenmaschine zerkleinern oder für ältere Kinder stückig lassen. Das Gericht in Portionen teilen, servieren oder tiefgefrieren.

Schinken und Ananas

Meine Großeltern nahmen mich als kleines Mädchen zum Mittagessen ins Restaurant mit. Mein Großvater bestellte immer dieses klassische Gericht. Da ich das für erwachsen hielt, nahm ich dasselbe. Die Süße der Ananas und der Schinken ergänzen sich hervorragend.

Selbst zuvor eingeweichter Schinken kann noch sehr salzig sein. Deshalb ist er erst für Kinder über 12 Monaten geeignet.

Für 6 bis 8 Portionen

3–4	**mittelgroße Kartoffeln (ca. 400 g), mehlig kochend**
230 g	**geräucherter, gekochter Schinken, über Nacht in kaltes Wasser eingeweicht**
25 g	**Butter**
1 EL	**Sonnenblumenöl**
3	**Ananasscheiben plus Saft aus der 230 g Dose**
ca. 3 EL	**Wasser**

1 Den Kartoffelbrei zubereiten (s. Seite 121) und beiseite stellen.

2 Alles Fett vom Schinken entfernen und ihn in kleine Würfel schneiden. Die Schinkenstücke in Butter und Öl schnell anbraten, die Ananas dazugeben, den Saft und das Wasser ebenfalls dazugeben und alles etwa 5 Minuten kochen, bis der Schinken weich ist. Wenn nötig, noch etwas Wasser dazugeben.

3 Das Ganze leicht abkühlen lassen, für Kleinere pürieren, dann zum Kartoffelbrei geben. Für Ältere die Schinken- und Ananasstücke zum Kartoffelbrei geben. Alles in Portionen teilen, servieren oder tiefgefrieren.

Zubereitungstipp

Der Schinken kann sehr salzig sein und sollte daher über Nacht gewässert werden. Hierfür den Schinken in einen großen Topf geben, kaltes Wasser zufügen und über Nacht stehen lassen. Das Wasser möglichst in regelmäßigen Abständen wechseln.

Lamm mit Lauch und Karotten in Tomaten-Rosmarin-Sauce

Sie können auch ein preisgünstigeres Stück vom Lamm, wie Lammkeule, verwenden, was jedoch die Garzeit verlängern könnte.

Mehr über ...
Rosmarin

Rosmarin ist eines der beliebtesten Küchenkräuter, und wird vor allem für Fleisch, Fisch und zum Aromatisieren von Öl verwendet. Es ist für seine verdauungsfördernden Eigenschaften bekannt.

Für 6 bis 8 Portionen

400 g	**frische Tomaten sauce (s. Seite 122) oder Tomatenstücke aus der Dose**
1 EL	**Sonnenblumenöl**
230 g	**Lammrückenfilet ohne Fett, gewürfelt**
1 EL	**Mehl**
1	**kleine Zwiebel, geschält und gehackt**
1	**Knoblauchzehe, geschält und zerdrückt**
50 g	**Lauch, geschält und gehackt**
1	**mittelgroße Karotte (ca. 175 g), geschält und gewürfelt**
2	**mittelgroße Kartoffeln (ca. 225 g), geschält und gewürfelt**
ca. 400 ml	**ungesalzene Gemüsebrühe oder Lammfond (s. Seite 125)**
1	**kleiner Zweig Rosmarin**

1 Die Tomatensauce zubereiten und beiseite stellen.

2 Den Backofen auf 160 °C vorheizen.

3 Das Öl in einem feuerfesten Schmortopf erhitzen. Das Lamm mit Mehl bestäuben und etwa 5 Minuten im Öl anbraten, bis es gut braun ist. Zwiebel, Knoblauch, Lauch, Karotte und Kartoffeln dazugeben und alles etwa 4 Minuten braten.

4 Die Tomatensauce (oder die Tomaten) einrühren, die Brühe und den Rosmarin dazugeben und zum Kochen bringen. Den Topf schließen und in den Backofen stellen. Das Gericht etwa 1¼ Stunden oder so lange, bis das Fleisch weich ist, garen. Den Topf aus dem Ofen nehmen und die Zutaten im Topf abkühlen lassen.

5 Den Rosmarin entfernen, alle Zutaten absieben und die Flüssigkeit auffangen. Alles in der Küchenmaschine zerkleinern, dabei Kochflüssigkeit nach Bedarf zugeben. Für ältere Kinder alle Zutaten zerdrücken oder stückig lassen. Das Ganze in Portionen teilen, servieren oder tiefgefrieren.

Gebackenes Lamm mit Auberginen

Lamm und Auberginen – eine vorzügliche Kombination. Die weiche Aubergine ist wunderbar cremig und macht das Gericht saftig.

Für 6 bis 8 Portionen

25 g	**Butter**
1 EL	**Sonnenblumenöl**
ca. 230 g	**magere Lammkeule, gewürfelt**
1	**Zwiebel, geschält und gehackt**
1	**Knoblauchzehe, geschält und zerdrückt**
2 EL	**Auberginenpüree (s. Seite 16)**
125 ml	**ungesalzene Gemüsebrühe (s. Seite 125)**
175 g	**Karotten-Rüben-Püree (s. Seite 16)**

1 Den Backofen auf 160 °C vorheizen.

2 Butter und Öl in einem beschichteten, ofenfesten Topf erhitzen, das Lammfleisch darin etwa 5 Minuten anbraten. Zwiebel und Knoblauch dazugeben und alles etwa 4 Minuten braten. Das Auberginenpüree und die Brühe dazugeben und alles zum Kochen bringen.

3 Den Topf in den Ofen stellen und das Gericht etwa 1 Stunde im offenen Topf garen, bis das Fleisch gar und die Sauce dick geworden ist. Das Ganze im Topf abkühlen lassen.

4 Alle Zutaten für kleinere Kinder in einer Küchenmaschine pürieren, für Ältere das Ganze stückig lassen. Das Karotten-Rüben-Püree darunter rühren. Das Gericht in Portionen teilen, servieren oder tiefgefrieren.

Mehr über ...

Auberginen

Auberginen gibt es in verschiedenen Formen, Größen und Farben – von tiefviolett bis weiß. Sie sind das ganze Jahr erhältlich und einfach nur gekocht als Babynahrung ideal.

Es ist nicht notwendig, Auberginen zu salzen, es sei denn Sie müssen etwaige Bitterstoffe entfernen.

Fleischklößchen in würziger Tomatensauce

Die meisten Kinder mögen Fleischklößchen. Für Coco mache ich hübsche kleine, die sie liebend gern mit der Gabel aufpickt. Dabei merkt sie nicht, wie ich sie damit zum Kauen bringen.

Für 6 bis 8 Portionen

Für die Fleischklößchen:

50 g	**frisches Brot**
1	**kleine Zwiebel, geschält und gehackt**
350 g	**Rindfleisch (z. B. von der Haxe), fein gewürfelt**
1	**Ei, verquirlt**
1 EL	**Sonnenblumenöl**

Serviertipp

Reichen Sie die Fleischklößchen mit Reis oder Nudeln. Herrlich schmeckt auch Kartoffelpüree dazu.

Für die Sauce:

400 g	**frische Tomatensauce (s. Seite 122) oder Tomatenstücke aus der Dose**
1	**kleine Zwiebel, geschält und gehackt**
1	**Knoblauchzehe, geschält und zerdrückt**
1 EL	**Sonnenblumenöl**
ca. 300 ml	**ungesalzene Rinderbrühe (s. Seite 124)**
½ TL	**italienische Kräuter**
1	**Lorbeerblatt**

Zubereitung der Fleischbällchen

1 Brot und Zwiebel in der Küchenmaschine zerkleinern, bis das Brot zerkrümelt ist. Das Fleisch und ein wenig vom Ei dazugeben, alles zerkleinern, eventuell noch etwas Ei zufügen. Aus der Masse Bällchen formen. Die Größe bestimmen Sie!

2 Das Öl in einer Pfanne erhitzen und die Bällchen darin etwa 5 Minuten anbraten. Die Bällchen in eine feuerfeste Form geben, die auf dem Herd erhitzt werden kann

Zubereitung der Sauce

3 Die frische Tomatensauce zubereiten und beiseite stellen.

4 Zwiebel und Knoblauch im Öl andünsten. Die Brühe, die Tomatensauce (oder die Stücke), die Kräuter und das Lorbeerblatt dazugeben. Alles zum Kochen bringen. Die Sauce über die Fleischbällchen gießen und wieder zum Kochen bringen. Die Form abdecken und die Bällchen etwa 30 Minuten in der Sauce köcheln lassen.

5 Das Lorbeerblatt entfernen. Die Sauce abkühlen lassen, dann alles pürieren oder zerdrücken. Das Ganze in Portionen teilen, servieren oder tiefgefrieren.

Cocos einfaches Rindfleisch Stroganoff

»Rindfleisch Stroganoff« – ein klassisches russisches Gericht mit in Streifen geschnittenem Rindfleisch. Üblicherweise nimmt man saurer Sahne dazu, ich habe jedoch Crème double verwendet – wählen Sie selbst.
Aufgepasst: Die Sauce darf mit der Sahne nicht mehr aufgekocht werden, sonst trennen sich die Zutaten. Reichen Sie Reis dazu.

Für 6 bis 8 Portionen

25 g	Butter
2 EL	Sonnenblumenöl
1	Zwiebel, geschält und gehackt
100 g	Champignons, in Scheiben geschnitten
ca. 280 g	Rindersteak, in dünne Streifen geschnitten
1	Knoblauchzehe, geschält und zerdrückt
150 ml	ungesalzene Rinderbrühe (s. Seite 124)
50 g	Crème double
1 EL	gehackte Petersilie

»Mmmmmmehr!«

1 Die Butter und die Hälfte des Öls in einer Pfanne erhitzen und die Zwiebel darin etwa 3 Minuten weich dünsten. Dann die Pilze dazugeben und alles etwa 3 Minuten dünsten, danach beiseite stellen.

2 Jetzt das restliche Öl in einer beschichteten Pfanne gut erhitzen. Das Fleisch darin rasch braun braten, die Champignonmischung, den Knoblauch und die Brühe dazugeben. Das Ganze etwa 2 Minuten lang bei großer Hitze kochen lassen und vom Herd nehmen. Crème double und Petersilie hinzufügen.

3 Das Gericht abkühlen lasen, dann in einer Küchenmaschine zerkleinern oder für ältere Kinder stückig lassen. Das Ganze in Portionen teilen, servieren oder tiefgefrieren.

Omis Fleischklößchensuppe

Dies ist ein typisch lettisches Gericht. Martins Mutter hatte es für Leon und Max gekocht, als diese noch klein waren. Von ihr habe ich das Rezept. Die Jungs lieben das Gericht noch immer, doch »so gut wie Omi« werde ich es wohl nie zubereiten. Auch Coco mag es sehr.

Für 6 bis 8 Portionen

Für die Fleischbällchen:

- 2 Scheiben Weißbrot
- 3 EL Milch
- 450 g mageres Rinderhackfleisch (oder halb Rind, halb Schwein)
- 1 Ei

Für die Suppe:

- 25 g Butter
- 1 mittelgroße Zwiebel, geschält und gewürfelt
- 2 mittelgroßeKarotten(ca.300g), geschält und gewürfelt
- ca. 730 ml ungesalzene Rinder- oder Gemüsebrühe (s. S. 124–125)
- 1 Lorbeerblatt
- 4 mittelgroße Kartoffeln (ca. 450 g), geschält und gewürfelt
- 1 EL gehackte Dillspitzen

Zubereitung der Fleischbällchen

1 Das Brot in eine flache Schale legen und mit Milch begießen. Es ein paar Minuten weichen lassen, dann die überschüssige Milch herausdrücken.

2 Das Fleisch in eine Schüssel geben, das Brot und die Eier sorgfältig darunter mischen. (Dies kann auch in einer Küchenmaschine gemacht werden.)

3 Einen Teelöffel voll Fleischmasse in den Handflächen zu einem Bällchen formen. Die restlichen Bällchen auf die gleiche Weise formen und beiseite stellen. Die Suppe zubereiten.

Zubereitung der Suppe

4 Die Butter in einem Topf schmelzen und Zwiebel und Karotten darin etwa 5 Minuten dünsten. Die Brühe einrühren, das Lorbeerblatt hinzufügen und alles zum Kochen bringen. Die Brühe etwa 10 Minuten kochen lassen, dann die Kartoffeln dazugeben und alles etwa 10 Minuten kochen lassen.

5 Die Fleischbällchen in die Suppe geben, diese zum Kochen bringen und die Hitzezufuhr reduzieren. Die Bällchen etwa 10 Minuten köcheln lassen, bis das Fleisch ganz durchgekocht ist. Den Dill dazugeben.

6 Das Lorbeerblatt entfernen. Die Bällchen und das Gemüse für ältere Kinder einfach etwas zerdrücken. Für jüngere Kinder alles absieben, dabei die Brühe auffangen. Die Bällchen und das Gemüse in einer Küchenmaschine zerkleinern, dabei die Brühe wieder dazugeben. Das Ganze in Portionen teilen, servieren oder abkühlen lassen und tiefgefrieren.

Süßes für viele Gelegenheiten

Dieses Kapitel enthält einfache Fruchtpürees und Kompotte, die Frühstück und Zwischenmahlzeit ergänzen können, als Nachtisch geeignet sind sowie üppige Desserts und süßes Gebäck. Eine große Vielfalt an Früchten bringt Abwechslung ins süße Geschehen!

Heutzutage sind die meisten Früchte das ganze Jahr erhältlich, doch saisonal verwendet sind sie besonders aromatisch – vor allem das Beerenobst. Es ist eine wahre Freude, Kinder Obst essen zu sehen – sei es getrocknetes oder frisches! Coco liebt Obst!

Viele der Rezepte können als eigenständiges Gericht serviert oder mit Naturjoghurt oder Eiscreme gemischt werden. Seien Sie erfinderisch und probieren Sie Ihre eigene Kombinationen aus.

Frisches Mangopüree

Mangos sind süß und haben eine samtartige Beschaffenheit. Die Mango muss jedoch richtig reif sein – unreife Früchte ergeben einen fasrigen und fade schmeckenden Brei. Reife Mangos geben auf Druck leicht nach und verströmen einen großartigen Duft. Unreife Früchte sind meist sehr hart und grün. Reichen Sie exotische Früchte wie Mangos am besten nicht vor dem 1. Lebensjahr.

Für 4 Portionen

1 reife Mango (ca. 350 g), geschält, entsteint und in Stücke geschnitten

Die Mangostücke in die Küchenmaschine geben und zerkleinern. Das Püree in Portionen teilen, servieren oder tiefgefrieren.

Vanillesauce

Selbst gemachte Vanillesauce eignet sich nicht zum Einfrieren, da sie wässrig wird. Wenn Sie Vanillesauce nicht selbst herstellen möchten, können Sie auch ein Fertigprodukt verwenden – das schmeckt Leon und Max sogar besser. Großartig, oder?

Für 6 bis 8 Portionen

280 ml von Babys üblicher Milch
4 Tropfen Vanillearoma oder
½ Vanilleschote, längs aufgeschlitzt und Kerne herausgekratzt
3 Eigelb
1 TL Speisestärke
2 TL Puderzucker

1 Die Milch behutsam in einem Topf erhitzen, eventuell die Vanilleschote hinzugeben und die Milch aufkochen lassen.

2 Eigelb, Speisestärke und Puderzucker in einer Schüssel verquirlen und die Milch unter ständigem Rühren langsam dazugeben. Eventuell das Vanillearoma zufügen.

3 Die Mischung in den Topf zurückgießen und bei leichter Hitzezufuhr etwa 2 Minuten rühren, bis die Sauce eindickt. Die Vanilleschote, falls verwendet, entfernen.

4 Die Vanillesauce in Portionen teilen und servieren oder 2 bis 3 Tage mit Frischhaltefolie abgedeckt im Kühlschrank aufbewahren.

Serviertipp

Die Vanillesauce schmeckt für sich alleine hervorragend, doch probieren Sie dazu eines der Früchtepürees, Apfeltaschen oder Streuselkuchen. Köstlich schmeckt sie auch zu ofenfrischen Brownies.

Kompott aus Trockenobst

Dieses Kompott passt hervorragend zu Getreidebrei – rühren Sie einfach einige Löffel unter den Brei oder die Getreideflocken Ihres Babys. Sie können fertige Trockenobstmischungen kaufen oder sich selbst eine Mischung zusammenstellen, z. B. aus Birnen, Äpfeln, Aprikosen, Pfirsichen und Pflaumen. Achten Sie darauf, dass alle Steine entfernt sind.

Für 6 bis 8 Portionen

450 g gemischtes Trockenobst

1 Die Früchte über Nacht in Wasser einweichen. Das Wasser abgießen und die Früchte mit frischem Wasser bedeckt etwa 20 Minuten kochen. Das Obst im Kochwasser abkühlen lassen.

2 Das Kochwasser über einer Schüssel abgießen und beiseite stellen. Die Früchte in der Küchenmaschine zerkleinern. Etwas Kochwasser zufügen, sollte die Konsistenz etwas flüssiger sein, oder das Kompott für ältere Kinder grober belassen. Das Kompott in Portionen teilen, servieren oder tiefgefrieren.

Waldbeeren-Kompott

Einige Beerensorten können bei Babys allergische Reaktionen hervorrufen. Sind in Ihrer Familie bereits Allergien bekannt, sollten Sie Ihren Kinderarzt fragen, ab wann Ihr Kind Beeren essen darf.

Geben Sie das Kompott erst ab dem 8. Monat. Zwar lässt sich die Mischung für jüngere Babys im Mixer zerkleinern, doch müssten Sie, um die Samen zu entfernen, das Kompott anschließend durch ein Sieb drücken. Dadurch ginge viel verloren.

Die meisten Supermärkte bieten eine vielfältige Auswahl tiefgefrorener Beeren an – daher kann immer eine Packung im Tiefkühlgerät vorrätig sein. Beim Erhitzen entfalten sich die Aromen der Früchte. Stehen Sie unter Zeitdruck, können Sie dieses Kompott als Sauce zu Eiscreme servieren und so rasch eine Extra-Leckerei zaubern.

Für 6 bis 8 Portionen

450 g gemischte TK-Beeren, z. B. Sommer- oder Waldbeeren
Zucker zum Abschmecken

Die tiefgefrorenen Früchte in einem kleinen Kochtopf erwärmen. Es dauert 10 bis 15 Minuten, bis sie aufgetaut sind. Kein Wasser zufügen, aber mit ein wenig Zucker abschmecken. In Portionen teilen und servieren.

Zubereitungstipp

Frieren Sie im Sommer reife Beeren selbst ein. Martin verteilt sie auf einem Tablett und stellt dies ins Tiefkühlgerät, bis die Beeren hart gefroren sind. Dann verpackt er diese portionsweise in Tiefkühlbeutel.

Cherimoyas mit Joghurt und Honig

Die Cherimoyas und ihre engen Verwandten, die Anonen, sind ursprünglich tropische Früchte, die inzwischen auch in Südeuropa angebaut werden. Früher waren sie nur schwer, heute sind sie jedoch leichter erhältlich.

Dieses Rezept macht ein wenig Arbeit, denn es müssen zahlreiche schwarze Kerne entfernt werden. Doch das weiße Fruchtfleisch schmeckt einfach phantastisch und ist die Mühe wert.

Exotische Früchte am besten nicht vor Ende des 1. Lebensjahres füttern.

Für 6 bis 8 Portionen

3 reife Cherimoyas, geschält
100 g stichfester Naturjoghurt
1 TL Honig, möglichst flüssig

1 Die Früchte halbieren, das Fruchtfleisch und die Kerne herausschaben und in ein Sieb geben. Das weiße Fruchtfleisch mit einem Löffel durch das Sieb in eine Schüssel drücken.

2 Den Joghurt und den Honig zufügen und alles gut verrühren. Das Ganze in Portionen teilen, servieren oder tiefgefrieren.

Achtung

Honig sollte man Babys, die jünger als 12 Monate sind, nicht füttern. Es besteht das Risiko von Botulismus, einer seltenen Form der Lebensmittelvergiftung.

Aprikosen mit Honig

Getrocknete Aprikosen sind ein äußerst energiereicher Snack und reich an Kalium. Achten Sie darauf (s. Hinweis auf der Verpackung), dass die Früchte ungeschwefelt sind. Schwefeldioxid wird verwendet, um die leuchtend orange Farbe zu erhalten. Bio-Trockenfrüchte sind immer ungeschwefelt, auch wenn es nicht auf der Packung steht.

Für 6 bis 8 Portionen

275 g getrocknete Aprikosen, über Nacht in Wasser eingeweicht
1 TL Honig

1 Die Aprikosen zusammen mit der Einweichflüssigkeit in einen Kochtopf geben und den Honig zufügen. Im offenen Topf 6 bis 8 Minuten behutsam kochen.

2 Die Aprikosen im Sirup abkühlen lassen, dann in der Küchenmaschine zerkleinern. Das Gericht in Portionen teilen, servieren oder tiefgefrieren.

Nussig-fruchtiger Crumble

Alle Rezepte für Fruchtpürees in diesem Buch können für die Zubereitung von Crumble (Streuselkuchen) verwendet werden, mit Ausnahme des Cherimoyapürees. Die Haferflocken verleihen dem Teig eine herrlich nussig-kernige Konsistenz.

Für 6 bis 8 Portionen

100 g Mehl
75 g Butter
60 g Haferflocken
40 g gemahlene Mandeln
50 g Puderzucker
4 Tropfen Vanillearoma
750 g Fruchtpüree nach Wahl

1 Den Backofen auf 180 °C vorheizen.

2 Das Mehl in eine Rührschüssel sieben. Die Butter unter das Mehl arbeiten, bis eine sandige Konsistenz entsteht. Haferflocken, Mandeln, Puderzucker und Vanillearoma zufügen und alles gründlich vermengen.

3 Das Fruchtpüree in eine Pieform geben und den Streuselteig gleichmäßig über das Püree streuen.

4 Das Ganze im vorgeheizten Backofen goldbraun backen. Den Kuchen auskühlen lassen, dann in Stücke schneiden, servieren oder tiefgefrieren.

Variation

Für einen noch schnelleren Streuselteig 175 g Mehl in eine Rührschüssel sieben, 75 g Butter einarbeiten und 75 g Puderzucker unterrühren. Wie oben beschrieben, mit 750 g Fruchtpüree zubereiten.

Püree aus Banane und frischer Dattel

Sie bekommen einen sündhaft leckeren Crumble, wenn Sie dieses Püree für das Rezept auf Seite 74 verwenden. Zucker bedarf es nicht, da die Datteln genügend eigene Süße haben. Für junge Babys sollten Sie die Früchte unbedingt in einer Küchenmaschine zerkleinern, da die Dattelschalen ein wenig hart sein können.

Für 6 bis 8 Portionen

2 große Bananen (ca. 250 g), in Scheiben geschnitten
Saft von ½ Zitrone
2 EL Wasser
75 g Datteln, entsteint und grob gehackt

1 Alle Zutaten in einen Kochtopf geben und zugedeckt bei mittlerer Hitze etwa 8 Minuten köcheln. Das Ganze zermusen.

2 Das Püree abkühlen lassen, dann in Portionen teilen und servieren oder tiefgefrieren.

Ernährungsinfo

Bananen enthalten viel Folsäure, Vitamin B_6, Magnesium und andere Mineralien sowie reichlich Kohlenhydrate.

Datteln sind ein sehr energiereicher Snack und reich an Kalium, das für gesunde Nerven und Muskeln wichtig ist.

Quittenpüree

In unserem Garten wächst zum Glück ein Quittenbaum, daher habe ich dieses Rezept aufgenommen. Quitten besitzen ein köstliches Aroma. Sind keine Quitten erhältlich, verwenden Sie stattdessen je zur Hälfte Äpfel und Birnen – das Ergebnis ist sehr ähnlich.

Für 6 bis 8 Portionen

350 g	**Quitten, entkernt, geschält und gewürfelt**
2 TL	**Butter**
2 EL	**Wasser**
	Saft von ½ Zitrone

1 Quittenwürfel zusammen mit Butter, Wasser und Zitronensaft in eine Pfanne geben. Zugedeckt aufkochen lassen und 30 bis 40 Minuten kochen, bis die Quitten weich sind.

2 Das Ganze in der Küchenmaschine oder mit dem Pürierstab zu einem Püree zerkleinern. Das Quittenpüree auskühlen lassen, in Portionen teilen und servieren oder tiefgefrieren.

Rhabarberpüree

Dieses herrliche Püree schmeckt vor allem zu Crumble (s. Seite 74), für junge Babys kann es jedoch ein wenig zu herb sein. Versuchen Sie, rotstieligen Rhabarber zu bekommen – er besitzt ein Himbeeraroma und enthält weniger Oxalsäure als grüner Rhabarber.

Für 6 bis 8 Portionen

500 g	**rotstieliger Rhabarber, in Scheiben geschnitten**
50 g	**Zucker**

1 Den Rhabarber zusammen mit dem Zucker in einen Topf mit dickem Boden geben. Das Ganze mit Wasser bedecken und bei sanfter Hitzezufuhr 15 bis 20 Minuten kochen, bis der Rhabarber ganz weich ist.

2 Den Rhabarber über einem Sieb abgießen, auskühlen lassen und falls nötig in der Küchenmaschine oder mit einem Pürierstab zerkleinern.

3 Das Püree auskühlen lassen, dann in Portionen teilen und servieren oder tiefgefrieren.

Zubereitungstipp

Sie können eine Kardamomkapsel mit dem Rhabarber kochen, das verleiht dem Püree ein herrlich duftendes Aroma. Aufgepasst: Die Kapsel vor dem Zerkleinern oder Servieren entfernen! Wissenswertes über Kardamom erfahren Sie beim Rezept Mangopüree mit Kardamom auf Seite 87.

Püree aus Heidelbeeren, Bananen und Äpfeln

Heidelbeeren besitzen eine natürliche Süße, sind sehr aromatisch und passen hervorragend zu Bananen und Äpfeln. Probieren Sie dieses Rezept aus – Sie werden überrascht sein!

Für 6 bis 8 Portionen

200–250 g Heidelbeeren
200–250 g Äpfel, geschält, entkernt und in gleichmäßige Scheiben geschnitten
1 kleine Banane, in Scheiben geschnitten

1 Die Früchte in einen Kochtopf mit dickem Boden geben und zugedeckt behutsam kochen, dabei ab und zu umrühren. Kein Wasser zugeben, da die Früchte Saft abgeben. Den Deckel nach etwa 5 Minuten entfernen und alles weitere 5 Minuten oder so lange, bis die Flüssigkeit verdampft ist, köcheln.

2 Lässt man das Obst stückig, ist das Püree für ältere Kinder oder als Füllung für gedeckte Obstkuchen oder Blätterteigtaschen geeignet. Püriert schmeckt es jüngeren Babys oder kann für Crumble (s. Seite 74) verwendet werden. Das Püree auskühlen lassen, in Portionen teilen, servieren oder tiefgefrieren.

Achtung

Heidelbeeren können bei Babys mit familiärer Vorbelastung allergische Reaktionen hervorrufen. Sind in Ihrer Familie bereits entsprechende Allergien bekannt, sollten Sie Ihren Kinderarzt fragen, bevor Sie diese Früchte verwenden.

Apfel-Sultaninen-Püree mit Zimt

Ich verwende für dieses Rezept die Apfelsorten Cox Orange. Die Früchte können zerkleinert oder stückiger belassen werden. Dann eignet sich das Rezept als Füllung für Blätterteigtaschen (s. Seite 81).

Für 6 bis 8 Portionen

200–250 g Äpfel, geschält, entkernt und in Scheiben geschnitten
Saft von ½ Zitrone
50 g Sultaninen
½ Zimtstange oder ½ TL Zimtpulver

1 Alle Zutaten in einen Kochtopf geben. Den Topf schließen und das Ganze zum Kochen bringen. Bei geringer Hitzezufuhr kochen, ab und zu umrühren. Nach 8 bis 10 Minuten den Topf von der Herdplatte nehmen. Gegebenenfalls die Zimtstange entfernen.

2 Die Apfelmischung in der Küchenmaschine oder mit einem Pürierstab zerkleinern. Das Püree auskühlen lassen, dann in Portionen servieren oder tiefgefrieren.

Apfel-Zimt-Muffins

Alle Tafeläpfelsorten sind für dieses Rezept geeignet – probieren Sie Royal Gala, Red Delicious, Braeburn oder Elstar. Sie können die Muffins in einem luftdicht verschließbaren Behälter bis zu 2 Tagen aufbewahren – ob das wohl nötig ist?

Damit das Gebäck eine schöne Form erhält, sollten Sie ein Muffinbackblech und keines für Brötchen verwenden, da Muffinbleche tiefer sind. Es empfiehlt sich, Papierförmchen in die Vertiefungen zu setzen oder diese auszufetten, bevor Sie den Teig hineingeben. Möchten Sie kleinere Muffins zubereiten, ergibt dieses Rezept 15 Stück.

Für 10 bis 12 Muffins

250 g	**Mehl**
1 EL	**Backpulver**
75 g	**Zucker**
1 TL	**Zimtpulver**
100 ml	**Milch**
50 ml	**Apfelsaft**
1	**Ei, verquirlt**
75 g	**Butter, zerlassen**
150 g	**Äpfel, geschält, entkernt und in Stücke geschnitten**

1 Den Backofen auf 190 °C vorheizen. Ein Muffinbackblech mit Papierförmchen auslegen oder ausfetten.

2 Mehl, Backpulver, Zucker und Zimt in einer großen Schüssel mischen. Milch, Apfelsaft, Ei und Butter in einer zweiten Schüssel verrühren.

3 Die flüssigen Zutaten in die Schüssel mit den trockenen schütten und alles verrühren, bis sich die Zutaten verbunden haben. Die Masse nicht zu lange rühren – der Teig muss relativ dickflüssig sein, da die Äpfel während des Backens Flüssigkeit abgeben. Die Apfelstücke zugeben und noch ein- bis zweimal umrühren.

4 Den Teig mit einem Löffel in die Muffinformen verteilen und 20 bis 25 Minuten backen, bis die Muffins braun sind. Das Gebäck aus dem Backofen nehmen und in der Form auskühlen lassen.

Heidelbeer-Zitronen-Muffins

Am besten schmeckt dieses Rezept mit frischen Heidelbeeren – greifen Sie zu, wenn diese im Sommer im Angebot sind! Die Zitrone kann auch durch Orange ersetzt werden.

Verwenden Sie eine unbehandelte Zitrone oder Orange für dieses Rezept. Sollte keine erhältlich sein, ersetzen Sie die abgeriebene Schale durch Zitrusfruchtaroma. Beim Abreiben der Schale die weiße Haut belassen, sie schmeckt bitter.

Die Muffins können in einem luftdicht verschließbaren Behälter bis zu 2 Tagen aufbewahrt werden.

Für 10 bis 12 Muffins

275 g	**Mehl**
1 EL	**Backpulver**
1 Prise	**Salz**
210 ml	**Milch**
1	**Ei, verquirlt**
2 EL	**Zitronensaft**
100 g	**Puderzucker**
75 g	**Butter, zerlassen**
175 g	**Heidelbeeren**
1 TL	**abgeriebene Schale einer unbehandelten Zitrone**

»Die Kinder lieben sie – und ihr Vater auch«

1 Den Backofen auf 190 °C vorheizen. Ein Muffinbackblech mit Papierförmchen auslegen oder ausfetten.

2 Mehl, Backpulver und Salz in einer Rührschüssel mischen. In einer zweiten Schüssel Milch, Ei, Zitronensaft, Zucker und Butter verrühren.

3 Die flüssigen Zutaten in die Schüssel mit den trockenen schütten und verrühren, bis sich die Zutaten zu einem leicht klumpigen Teig verbunden haben. Die Beeren zum Schluss unterheben, nicht zu kräftig rühren.

4 Den Teig mit einem Löffel in die Muffinformen verteilen und etwa 25 Minuten backen, bis die Muffins braun sind. Das Gebäck aus dem Backofen nehmen und in der Form auskühlen lassen.

Gefüllte Blätterteigtaschen

Diese fruchtigen Leckereien schmecken Max hervorragend – Coco übrigens auch!
Aufgepasst: Lassen Sie sich nicht verführen, sofort in die ofenfrischen Taschen hineinzubeißen – die Füllung ist sehr heiß! Die Blätterteigtaschen können für sich alleine oder mit Schlagsahne oder Vanillesauce serviert werden.

Für 8 bis 10 Blätterteigtaschen

200–250 g	**Blätterteig, selbst gemacht oder Fertigprodukt**
	etwas Mehl
230 g	**Apfel-Sultaninen-Püree mit Zimt (s. Seite 77)**
1	**Ei, verquirlt**
ein wenig	**Puderzucker**

1 Den Blätterteig auf leicht bemehlter Arbeitsfläche etwa 3 mm dick ausrollen. Mit einer Ausstechform von 10 cm Durchmesser möglichst viele Kreise ausstechen. (Sie sollten 8 bis 10 Stück erhalten.)

2 Einen gehäuften Teelöffel Apfelpüree in die Mitte jeder Kreisscheibe geben. Die Ränder mit dem verquirlten Ei bestreichen, den Teig zu Halbkreisen zusammenklappen und die Ränder mit den Fingern oder den in Mehl getauchten Zinken einer Gabel fest drücken. Die Teigtaschen mit dem restlichen verquirlten Ei bestreichen und mit etwas Puderzucker bestreuen.

3 Nun können Sie die Teigtaschen entweder einfrieren oder backen. Wollen Sie die Taschen backen, müssen diese mindestens 1 Stunde im Kühlschrank ruhen, da sie sonst beim Backen platzen würden. Anschließend im auf 190 °C vorgeheizten Backofen 10 bis 15 Minuten oder bis sie goldbraun sind backen.

4 Zum Einfrieren die Teigtaschen auf ein Backblech legen und in den Gefrierschrank stellen. Die tiefgefrorenen Taschen werden auf dem Blech in den auf 190 °C vorgeheizten Backofen geschoben und 20 bis 25 Minuten gebacken, bis sie goldbraun sind.

5 Die Blätterteigtaschen aus dem Backofen nehmen und vor dem Servieren auf dem Blech auskühlen lassen.

Gebratene Birnen in Ahornsirup

Die gebratenen Birnen passen hervorragend zu Eiscreme. Probieren Sie die Birnen auch ohne Beilagen – sie schmecken einfach köstlich!

Für 6 bis 8 Portionen

4	**reife, feste Birnen, geschält**
	Saft von 1 Orange
2 EL	**Ahornsirup**

1 Den Backofen auf 190 °C vorheizen.

2 Die Birnenstiele entfernen und die Birnen halbieren. Die Kerngehäuse mit einem Teelöffel herauskratzen.

3 Den Orangensaft und den Ahornsirup in einen ofenfesten Topf geben und aufkochen lassen, dann vom Herd nehmen. Die Birnen hineingeben und mit Flüssigkeit begießen, damit sie nicht braun werden.

4 Die Birnen in den vorgeheizten Backofen stellen und ohne Deckel 25 bis 30 Minuten braten, dabei ab und zu mit der Sirup-Saft-Mischung begießen. Die weich gegarten Birnen herausnehmen und auf einen Teller geben.

5 Die Sirup-Saft-Mischung auf dem Herd bei großer Hitze einkochen lassen, bis sie zähflüssig ist. Die Sauce über die Birnen gießen und das Ganze abkühlen lassen.

6 Je nach Alter Ihres Babys das Ganze in der Küchenmaschine zerkleinern, zerdrücken oder klein schneiden. Das Gericht in Portionen teilen und servieren oder tiefgefrieren.

»Klebrig und lecker«

Mehr über …

Ahornsirup

Der dick eingekochte und geklärte Saft des Ahornbaums besitzt einen charakteristischen Geschmack. Ahornsirup schmeckt mir besser als Zuckerrohrsirup.

Milchreis

Wichtig ist, hierfür Rundkornreis zu verwenden, auch Milchreis genannt. Dieser hat eine rundlichere Form und eine weichere Konsistenz. Beim Kochen wird er klebriger als Langkornreis und ist daher für Milchreis besser geeignet.

Obwohl dieses Gericht ohne weitere Beilagen köstlich ist, wird Ihr Kind auch ein Fruchtpüree dazu mögen. Coco schmeckt Aprikosenpüree am besten. Lassen Sie den Reis erst abkühlen, bevor Sie das Püree dazugeben.

Für 6 bis 8 Portionen

1	**kleines Stückchen Butter**
50 g	**Rundkornreis**
ca. 600 ml	**von Babys üblicher Milch**
50 g	**Puderzucker**
2 – 3	**Tropfen Vanillearoma**

Zubereitung im Backofen

1 Den Backofen auf 160 °C vorheizen.

2 Boden und Wände einer ofenfesten Form buttern. Alle Zutaten hineingeben und gut mischen. Das Ganze mit Alufolie abdecken und auf der mittleren Einschubleiste in den Backofen schieben. 11/2 bis 2 Stunden garen, dabei ein- bis zweimal umrühren.

Zubereitung in der Mikrowelle

1 Boden und Wände einer mikrowellengeeigneten Schüssel buttern. Alle Zutaten in die Schüssel geben und gut mischen.

2 Die Schüssel in die Mikrowelle stellen. Die Mikrowelle auf die höchste Garstufe stellen und den Milchreis ohne Deckel 10 Minuten garen (bei 600 Watt, bei einem Gerät mit höherer Leistung die Garzeit reduzieren). Die Zutaten gut umrühren und den Vorgang noch dreimal wiederholen, so dass insgesamt 40 Minuten gegart wird.

3 Sowohl im Backofen als auch in der Mikrowelle wird das Gericht sehr, sehr heiß. Den Milchreis abkühlen lassen, dann in Portionen teilen und servieren oder tiefgefrieren.

Variation

Schokoladen-Milchreis

Den Milchreis wie oben beschrieben zubereiten und in den noch warmen Reis 50 g geriebene Schokolade einrühren. Das Gericht kann warm oder kalt serviert werden.

Gedünstete Birnen

Mit Vanilleeiscreme sind die gedünsteten Birnen besonders lecker, doch können sie genauso gut so gegessen werden. Köstlich schmeckt dazu auch Himbeersauce (s. Seite 88).
Ich verwende am liebsten die Birnensorten Conference oder Williams Christ

Für 6 bis 8 Portionen

4 reife Birnen, geschält und geviertelt
Saft von ½ Zitrone
Zucker zum Abschmecken

1 Die Kerngehäuse der Birnen mit einem Teelöffel entfernen. Die Birnenviertel in einen Kochtopf geben, mit Wasser bedecken, den Zitronensaft und ein wenig Zucker zufügen. Zugedeckt etwa 5 Minuten köcheln lassen oder bis die Früchte weich sind.

2 Die Birnen in der Kochflüssigkeit auskühlen lassen und anschließend in kleine Stücke schneiden oder für jüngere Babys in der Küchenmaschine zerkleinern.

3 Die gedünsteten Birnen in Portionen teilen, servieren oder tiefgefrieren.

Birnenmilchreis

Beide Hauptzutaten dieses Gerichts sind leicht verdaulich, daher ist es auch für jüngere Babys geeignet.

Für 6 bis 8 Portionen

1 Rezept Milchreis (s. Seite 84)
1 Rezept gedünstete Birnen (s. links)
ein wenig von Babys üblicher Milch oder Sahne

1 Den Milchreis zubereiten.

2 Die gedünsteten Birnen zubereiten, aber nicht pürieren. Die Birnen in kleine Stücke schneiden.

3 Die Birnenstücke unter den abgekühlten Milchreis heben, dabei ein wenig Milch oder Sahne unterrühren, um eine cremige Konsistenz zu erzielen. In Portionen teilen, im Kühlschrank etwa 30 Minuten abkühlen lassen, dann servieren oder tiefgefrieren.

Grießbrei mit karamellisierten Bananen

Die Zubereitung dieses köstlichen Breis ist ganz einfach. Er ruft angenehme Erinnerungen an die Sonntagsessen meiner Kindheit hervor. Mein Vater war Chirurg und meistens in Rufbereitschaft, daher konnte die Familie nur selten gemeinsam essen. Doch das Mittagessen am Sonntag war uns heilig – und häufig gehörte ein Grießbrei dazu. Meine Mutter gab einen großen Klacks Marmelade in die Mitte des Breis – einfach unvergleichlich!

Für 6 bis 8 Portionen

Für die karamellisierten Bananen:

25 g Butter
50 g heller Rohrzucker
3 EL Wasser
2 Bananen, in Scheiben geschnitten

Für den Grießbrei:

ca. 600 ml von Babys üblicher Milch
ein Stückchen Butter
2 – 3 Tropfen Vanillearoma
50 g Grieß
50 g Zucker

Zubereitung der Bananen

1 Die Butter mit dem Zucker und dem Wasser in eine Pfanne geben und zerlassen, dabei ständig rühren. Sobald sich Blasen bilden, die Bananenscheiben zufügen. Vorsicht! Der Sirup ist sehr heiß und kann unangenehme Verbrennungen verursachen.

2 Die Bananen je nach Reife 5 bis 8 Minuten garen, bis sie weich sind. Sie dann im Sirup auskühlen lassen.

Zubereitung des Grießbreis

3 Die Milch und die Butter in einen Kochtopf geben und sanft erhitzen, bis die Butter geschmolzen ist. Das Vanillearoma zufügen.

4 Den Grieß hineinstreuen. Unter ständigem Rühren sanft erhitzen, bis die Milch kocht und die Mischung eindickt. Eventuell noch etwas Milch zufügen, um die richtige Konsistenz zu erhalten.

5 Den Brei nun 2 bis 3 Minuten kochen, dann die Hitze reduzieren und noch etwa 5 Minuten köcheln lassen. Den Topf vom Herd nehmen und den Zucker unterrühren.

6 Die Bananenscheiben unter den Grießbrei heben und das Ganze in der Küchenmaschine zerkleinern, bis ein gleichmäßiger Brei entsteht. Auskühlen lassen, in Portionen teilen und servieren oder tiefgefrieren.

Zubereitungstipp

Nach Zubereitungsschritt 5 können Sie den fertigen Brei etwa 30 Minuten im Ofen goldbraun backen. Dazu den Grießbrei in eine ofenfeste Schüssel geben und im auf 200 °C vorgeheizten Backofen auf mittlerer Einschubleiste backen.

Warme Erdbeeren mit Vanille

Erdbeeren und Vanille – eine phantastische Kombination. Servieren Sie das Ganze als eigenständiges Gericht oder mit Vanilleeis, Milchreis oder Grießbrei. Ich bereite dieses Rezept natürlich am liebsten während der Erdbeersaison zu, da die Früchte sonst meist sehr wässrig und wenig süß schmecken.

Für 6 bis 8 Portionen

450 g Erdbeeren, Stiele entfernt
Samen von 1 Vanilleschote
Zucker zum Abschmecken

1 Die Erdbeeren und die Vanillesamen in einen Kochtopf mit dickem Boden geben, den Deckel auflegen und bei mäßiger Hitze etwa 10 Minuten kochen oder so lange, bis die Erdbeeren weich sind. Die Garzeit hängt von der Reife der Früchte ab. Gegebenenfalls mit etwas Zucker abschmecken.

2 Für Babys, die jünger als acht Monate sind, die Erdbeeren zerdrücken oder in der Küchenmaschine oder mit dem Pürierstab zerkleinern. Die Erdbeeren abkühlen lassen, dann in Portionen teilen und servieren oder tiefgefrieren.

Warmes Mangopüree mit Kardamom

Der Geschmack des Orients! Kardamom hat ein ausgeprägtes Zitrusfrucht-Aroma. Grüner Kardamom schmeckt feiner als schwarzer, der erdiger ist – für dieses Gericht bevorzuge ich den grünen. Das Püree passt hervorragend zu Milchreis (s. Seite 84) oder als Dip zu den frittierten Milchreisbällchen (s. Seite 111).

Für 6 bis 8 Portionen

1 reife Mango (ca. 350 g), geschält, entsteint und in Stücke geschnitten
Saft von 1 Orange
1 Kardamomkapsel

1 Mango, Orangensaft und Kardamomkapsel in einen Kochtopf geben. Den Deckel auflegen und behutsam etwa 8 Minuten kochen oder so lange, bis die Mango weich ist, das ist abhängig von der Reife der Frucht.

2 Das Ganze abkühlen lassen, die Kardamomkapsel entfernen und alles in einer Küchenmaschine oder mit dem Pürierstab zerkleinern. Das Püree in Portionen teilen, dann servieren oder tiefgefrieren.

Gedünstete Pfirsiche

Die Pfirsiche schmecken alleine für sich oder mit einer Kugel Vanilleeis. Sie können alle Pfirsichsorten verwenden, die Früchte müssen jedoch reif sein.

Für 6 bis 8 Portionen

4 – 6	**reife Pfirsiche**
1½ TL	**Zucker**

1 Die Pfirsiche zusammen mit dem Zucker in einen Kochtopf geben, mit Wasser bedecken und etwa 10 Minuten köcheln.

2 Die Kochflüssigkeit abgießen und die Pfirsiche auskühlen lassen.

3 Die abgekühlten Pfirsiche schälen, vom Stein befreien und für ältere Kinder in kleine Stücke schneiden, für Babys zermusen. Die gedünsteten Pfirsiche in Portionen teilen, servieren oder tiefgefrieren.

Himbeersauce

Diese Sauce schmeckt köstlich zu Vanilleeis. Ein Klecks davon verleiht Fruchtpürees zusätzlich Farbe und Geschmack.

Für 6 bis 8 Portionen

350 g	**Himbeeren, frisch oder TK-Früchte, aufgetaut**
150 ml	**Wasser**
	Zucker zum Abschmecken

1 Die Himbeeren zusammen mit dem Wasser in die Küchenmaschine geben und zerkleinern, bis die Masse glatt ist.

2 Die Masse durch ein Sieb streichen, um die Samen zu entfernen. Mit Zucker abschmecken, in Portionen teilen und servieren oder tiefgefrieren.

Pfirsich Melba

Sind die gedünsteten Pfirsiche und die Himbeersauce bereits zubereitet, können Sie im Handumdrehen »Pfirsich Melba« zaubern. Diese klassische Kombination schmeckt immer wieder gut!

Für 8 Portionen

1	**Rezept Himbeersauce (siehe links)**
1	**Rezept gedünstete Pfirsiche (siehe links)**

1 Die Himbeersauce zubereiten.

2 Die gedünsteten Pfirsiche zubereiten und in kleine Stücke schneiden (oder für kleinere Kinder pürieren).

3 Die Himbeersauce über die Pfirsiche verteilen und gekühlt servieren. Das Gericht kann auch eingefroren werden.

Mascarpone-Vanille-Eiscreme

Ganz einfach und ohne Eismaschine wird diese Eiscreme hergestellt. Das Rezept stammt von Martin und wird von mir immer gerne zubereitet. Die Verwendung von Balsamicoessig mag zunächst ungewohnt erscheinen, er mildert jedoch den sahnigen Geschmack des Mascarpones ab.

In Haushaltswarengeschäften finden Sie praktische Formen aus Silikon – meine hat elf kleine Vertiefungen. Damit können Pudding, Muffins oder Brötchen zubereitet werden. Für kleine Portionen Püree oder, wie hier, Eiscreme eignen sie sich ebenfalls.

Zubereitungstipp

Wie wäre es mit marmoriertem Eis? Einfach zuzubereiten und wunderschön anzusehen! Geben Sie 4 Esslöffel pürierte warme Erdbeeren mit Vanille (s. Seite 87) zur Eiscreme-Mischung. Heben Sie die Erdbeersauce mit einem Messer spiralförmig unter und gefrieren Sie das Ganze ein. Aufgepasst: Nicht zu lange Rühren, sonst entsteht kein Marmoreffekt.

Für 6 bis 8 Portionen

- **230 g Mascarpone**
- **50 g Puderzucker**
- **75 g süße Sahne**
- **1 TL Balsamicoessig**
- **2 EL Milch**
- **4 Tropfen Vanillearoma**

1 Alle Zutaten in der Küchenmaschine oder mit einem Pürierstab zu einer glatten Masse mixen.

2 Die Mischung in kleine Förmchen verteilen und tiefgefrieren. Vor dem Servieren das Eis für etwa 20 Minuten in den Kühlschrank stellen, damit es antaut.

Mehr über ...
Mascarpone

Der italienische Dessertkäse wird aus Sahne hergestellt und ist in den meisten Supermärkten erhältlich. Köstlich schmeckt er mit ein wenig Zucker und frischen Früchten gemischt.

Fräulein Selbstständig

Da Coco nun angefangen hat, selbst zu essen, habe ich in dieses Kapitel viel »Fingerfood« aufgenommen. Das ermöglicht ihr, mit der neu gewonnenen Unabhängigkeit zu experimentieren. Viele der Gerichte können eingefroren werden, zum Pürieren eignen sich die meisten jedoch nicht.

Cocos Lieblingsbrotaufstriche und -dips lassen sich recht schnell zubereiten. Verwenden Sie ganz nach Geschmack Ihres Sprösslings auch andere Kräuter und Aromen. Als Grundlage benutze ich gern Frischkäse, Crème fraîche oder Vollmilch-Naturjoghurt.

Es gibt nichts Schöneres als den Geruch von frisch gebackenen Plätzchen im Haus. Coco ist nun in einem Alter, in dem sie gerne selbst Zutaten mischt, rührt und dabei auch kleckert. Das macht nichts. – Probieren Sie doch einige von Cocos Leckereien aus.

Gemüsemaispuffer

Haben Sie nur eine kleine Pfanne, müssen Sie die Puffer portionsweise ausbacken. Werden zu viele auf einmal in die Pfanne getan, kleben sie zusammen, da sie beim Braten etwas auseinander laufen.

Für 10 bis 12 Puffer

100 g	**Mehl**
¼ TL	**Backpulver**
¼ TL	**Zucker**
¼ TL	**gemahlene Muskatblüte**
1	**Ei, leicht verquirlt**
90 ml	**Milch**
50 g	**Gemüsemais (TK oder aus der Dose)**
	Butter oder Öl zum Braten

»Jetzt kann ich schon allein essen«

Mehr über ...

Muskatblüte

Die rotorange Hülle der Muskatnuss, die Muskatblüte, wird auch Macis genannt. Sie ähnelt geschmacklich der Muskatnuss, ist aber feiner. Für dieses Rezept können Sie auch Muskatnuss verwenden.

1 Die trockenen Zutaten durchsieben und in eine Schüssel geben. Ei und ¾ der Milch dazugeben. Alles gut mischen und die restliche Milch darunter rühren, um eine glatten, dicken Teig zu bekommen. Den Mais darunter mischen.

2 Ein wenig Butter oder Öl in einer beschichteten Pfanne erhitzen, den Teig mit einem Teelöffel portionsweise in die Pfanne geben. Die Puffer bei schwacher Hitzezufuhr etwa 1½ Minuten braten, bis die Oberfläche zu stocken beginnt, dann wenden und auf der zweiten Seite etwa 1½ Minuten goldbraun braten.

3 Die Puffer herausnehmen und auf Küchenpapier abtropfen lassen. Die restlichen Puffer auf die gleiche Weise backen. Die Puffer in Portionen teilen, servieren oder tiefgefrieren.

4 Bei Bedarf die gefrorenen Puffer 5 bis 10 Minuten in den auf 180 °C vorgeheizten Ofen geben.

Schinken-Käse-Rockies

Diese kleinen Brötchen werden aufgrund ihrer Form »Rockies« (Felsen) genannt. Coco und die Jungs mögen diese warm mit Butter oder Frischkäse.

Schnittlauch ist eine sanfte Alternative zu Zwiebeln. Er regt auch den Appetit an.

Für 12 Rockies

175 g	**Mehl**
1½ TL	**Backpulver**
75 g	**Butter**
40 g	**Hartkäse, fein gerieben**
25 g	**gekochter Schinken, fein gehackt**
1 TL	**gehackter Schnittlauch**
6 EL	**kalte Milch**
1	**Ei, verquirlt**

1 Den Backofen auf 200 °C vorheizen.

2 Das Mehl und das Backpulver in eine Schüssel sieben. Die Butter und das Mehl zu feinen Streuseln verreiben. Dann Käse, Schinken und Schnittlauch darunter mischen.

3 Die Milch und das Ei verrühren, zur Mehlmischung geben und alles zu einem weichen, zähflüssigen Teig verrühren.

4 Den Teig in eine gefettete Brötchen- oder Muffinform geben und 20 bis 25 Minuten backen, bis die Rockies gut aufgegangen und goldbraun sind.

Zubereitungstipp

Geben Sie ein wenig Teig auf einen Löffel, um zu prüfen, ob er die richtige Konsistenz hat. Er sollte leicht vom Löffel fallen.

Thunfisch-Mais-Küchlein

Statt in Paniermehl wende ich die Küchlein in Polenta (Maisgrieß), was sie hübsch und knusprig macht. Darüber hinaus passt Maisgrieß sehr gut zu Gemüsemais. Coco liebt Thunfisch – er schmeckt gut und ist einfach zu verarbeiten.

Für 8 Plätzchen

2 kleine Kartoffeln (ca. 220 g), mehlig kochend
75 g TK-Gemüsemais
1 Dose Thunfisch in Wasser oder im eigenen Saft (ca. 200 g)
2 TL gehackte Petersilie
Mehl zum Panieren
2 Eier, verquirlt
Polenta zum Panieren
Öl zum Braten

1 Den Kartoffelbrei zubereiten (s. Seite 121) und beiseite stellen.

2 Den Mais in kochendem Wasser 2 bis 3 Minuten garen, abkühlen lassen, mit kaltem Wasser abspülen und abtropfen lassen.

3 Thunfisch, Mais, Kartoffelbrei und Petersilie mischen. Daraus 8 Küchlein formen. (Da der Teig recht krümelig ist, die Plätzchen mit den Handflächen zusammendrücken.)

4 Jedes Küchlein zuerst in Mehl, dann in Ei und zum Schluss in Polenta wenden. Gegebenenfalls die Küchlein noch einmal in Form bringen.

5 Die Küchlein auf ein Brett legen, mit Frischhaltefolie abdecken und in das Gefriergerät stellen. Die gefrorenen Küchlein in Gefrierbeutel geben.

6 Bei Bedarf die gefrorenen Küchlein bei 180 °C frittieren, in wenig Öl braten oder 5 bis 6 Minuten grillen. Sie sollten im Inneren dampfend heiß sein.

Zubereitungstipp

Werden die Küchlein nicht eingefroren, müssen sie vor dem Braten oder Frittieren etwa 1 Stunde im Kühlschrank ruhen. Die Garzeit dann auf 3 bis 4 Minuten reduzieren.

Lachsküchlein mit Petersilie

Dieses Rezept ergibt 12 kleine Küchlein. Coco isst normalerweise 2 pro Portion.

Für 6 Portionen

- **2 kleine Kartoffeln (ca. 220 g), mehlig kochend**
- **2 TL Butter**
- **230 g frisches Lachsfilet, ohne Haut und Gräten**
- **1 kleine Zwiebel, geschält und grob gehackt**
- **1 mittelgroße Karotte, geschält und grob gehackt**
- **6 schwarze Pfefferkörner**
- **1 frisches Lorbeerblatt**
- **1 EL gehackte Petersilie**
- **Mehl zum Bestäuben und für die Panade**
- **2 Eier mit 1 EL Milch verquirlt**
- **getrocknete Brotbrösel (s. Seite 123)**

1 Den Kartoffelbrei zubereiten (s. Seite 121). Die Butter darunter rühren, so lange die Kartoffeln noch heiß sind. Dann die Mischung in eine Schüssel geben.

2 Das Lachsfilet zusammen mit der Zwiebel, der Karotte, den Pfefferkörnern und dem Lorbeerblatt in einen Topf geben. So viel Wasser dazugeben, dass der Fisch gerade bedeckt ist. Das Wasser zum Köcheln bringen und den Fisch 4 bis 5 Minuten gar ziehen lassen.

3 Den Topf schließen und vom Herd nehmen. Den Fisch im Topf abkühlen lassen, dann herausnehmen und mit Küchenpapier trockentupfen. Das Fischfleisch auseinander zupfen und zu den Kartoffeln geben. Die Petersilie darunter mischen.

4 Die Mischung auf einer bemehlten Arbeitsfläche zu einer 12 cm langen und 5 cm dicken Rolle formen. Diese in 12 Stücke schneiden. Jedes Stück in Mehl wenden, das überschüssige Mehl abschütteln. Die Küchlein in der Ei-Milch-Mischung, dann in den Brotbröseln wenden. Gegebenenfalls die Küchlein noch einmal in Form bringen.

5 Die Küchlein auf ein Brett legen, mit Frischhaltefolie abdecken und tiefgefrieren. Die gefrorenen Küchlein paarweise verpacken.

6 Die gefrorenen Küchlein bei 180 °C 5 bis 6 Minuten frittieren oder in wenig Öl 3 bis 4 Minuten von jeder Seite knusprig braten. Vergewissern Sie sich, dass die Küchlein im Inneren dampfend heiß sind.

Zubereitungstipp

Werden die Küchlein nicht eingefroren, müssen sie etwa 1 Stunde im Kühlschrank ruhen und werden dann 4 bis 5 Minuten frittiert.

Frittierte Fischstreifen

Mango-Limetten-Mayonnaise (siehe rechts) passt wunderbar dazu. Oder servieren Sie die Fischstreifen mit frischer Paprika-Tomaten-Salsa (s. Seite 99).

Für 26 Streifen

200–250 g Fischfilet (z. B. Seezunge oder Kabeljau), ohne Haut und Gräten
Mehl zum Bestäuben
2 Eier, verquirlt
getrocknete Brotbrösel (s. Seite 123)

1 Das Fischfilet in 1 cm breite Streifen schneiden und mit Mehl bestäuben. Die Fischstreifen erst in Ei, dann in Bröseln wenden. Auf ein Brett legen und einfrieren. Die gefrorenen Streifen portionsweise verpacken. Ich nehme 4 bis 5 pro Portion.

2 Bei Bedarf die gefrorenen Streifen bei 180 °C 3 bis 4 Minuten frittieren, bis sie im Inneren dampfend heiß sind. Werden die Fischstreifen nicht eingefroren, benötigen Sie nur 2 bis 3 Minuten.

Mango-Limetten-Mayonnaise

Die Sauce passt sehr gut zu frittiertem Fisch oder Hähnchen. Nehmen Sie gekaufte Mayonnaise, die pasteurisierte Eier enthält.

Verwenden Sie keine rohen oder nicht ausreichend gekochten Eier. Sie könnten Salmonellen enthalten und zu schweren Erkrankungen führen.

Für ca. 250 ml

1 reife Mango, geschält
Saft von 1 Limette
30 ml Mayonnaise

1 Das Mangofruchtfleisch vom Stein schneiden, in Stücke schneiden und in einer Küchenmaschine oder mit dem Pürierstab mit dem Limettensaft pürieren.

2 Das Mangopüree und die Mayonnaise mischen und einige Stunden in den Kühlschrank stellen. Dabei entfalten sich die Aromen vollständig. Benötigen Sie nicht alles auf einmal, können Sie die Mayonnaise bis zu 3 Tage lang in einem verschlossenen Glas im Kühlschrank aufbewahren.

Apfel-Minz-Frikadellen

Die Fleischmischung scheint ein wenig nass, doch daraus entstehen wunderbar saftige Frikadellen. Die Menge reicht für 18 Stück. Ich gebe Coco meist 2 pro Portion.

Die Frikadellen schmecken der ganzen Familie und gehören zu meinen Lieblingsgerichten, da sie ebenso schmackhaft wie fettarm sind. Dies trifft für viele andere Burger nicht zu. Die Saftigkeit kommt von den Äpfeln, das Aroma von der Petersilie und der Minze. Dazu passt hervorragend Tzatziki (s. Seite 108).

Für 8 bis 9 Portionen

150 g	Äpfel, geschält, entkernt und grob gehackt
1 EL	frisch geschnittene Minze
1 EL	frisch geschnittene Petersilie
1	kleine Zwiebel, geschält
	Saft von ½ Zitrone
450 g	Schweinehackfleisch
50 g	frische Brotbrösel (s. Seite 123)
	Butter oder Öl zum Braten

1 Äpfel, Minze, Petersilie, Zwiebel und Zitronensaft in einer Küchenmaschine grob hacken. Das Fleisch und die Brösel dazugeben und so lange mixen, bis eine glatte Masse entsteht.

2 Aus der Fleischmasse kleine Frikadellen formen. Diese können eingefroren oder sofort gebraten werden.

3 Die Frikadellen zum Einfrieren auf ein Blech mit Frischhaltefolie legen, mit Frischhaltefolie abdecken und in ein Tiefkühlgerät stellen. Die gefrorenen Frikadellen portionsweise verpacken. Bei Bedarf über Nacht m Kühlschrank auftauen lassen.

4 Etwas Butter oder Öl in einer Pfanne erhitzen und die Frikadellen 3 bis 4 Minuten von jeder Seite braten, sie sollten gut durchgebraten sein.

Coco-Burger

Burger zu machen ist so einfach. Darüber hinaus bestimmen Sie die Zutaten, denn fertige Burger enthalten oft Zusätze, Salz, reichlich Fett und Brot.

Servieren Sie die Burger mit Frans Kartoffelschnitzen (s. Seite 99).

Für 8 Burger

1	**kleine Zwiebel, geschält**
200–250 g	**mageres Rinderhackfleisch**
4 EL	**frische Brotbrösel (s. Seite 123)**
1	**kleines Ei**
	Butter oder Öl zum Braten

1 Die Zwiebel in der Küchenmaschine hacken. Das Rindfleisch, die Brotbrösel und das Ei dazugeben und alles mischen.

2 Aus der Mischung 8 kleine Burger formen. Diese entweder tiefgefrieren oder sofort braten.

3 Zum Einfrieren die Burger auf ein Brett mit Frischhaltefolie legen, mit Frischhaltefolie abdecken und in das Tiefkühlgerät stellen. Die gefrorenen Burger portionsweise verpacken. Bei Bedarf über Nacht im Kühlschrank auftauen lassen.

4 Etwas Butter oder Öl in einer Pfanne erhitzen und die Burger 3 bis 4 Minuten auf jeder Seite braten. Sie sollten gut durchgebraten sein.

Ernährungsinfo

Rindfleisch ist eine ausgezeichnete Eisenquelle, ein Mineralstoff, der in der Wachstumsphase dringend gebraucht wird. Eisen ist Bestandteil des roten Blutfarbstoffs. Rindfleisch enthält auch viel Eiweiß.

Eier sind ebenfalls eine ausgezeichnete Eiweißquelle. Darüber hinaus enthalten Eier Eisen, Phosphor, Zink sowie Vitamin A, D und E.

Frans Kartoffelschnitze

Diese Schnitze werden durch Vorkochen der Kartoffeln locker und knusprig. Wir verdanken die Idee Fran, einem Jungkoch von Martin. Die so zubereiteten Kartoffeln sind sowohl bei Coco als auch bei der Restaurantbelegschaft ein Hit!

Für 4 Portionen

2 große Kartoffeln (ca. 350 g), in gleichmäßig große Schnitze geschnitten
Salz zum Bestreuen (nach Belieben)

1 Die Kartoffelschnitze für etwa 20 Minuten in kaltem Wasser einweichen.

2 In einem großen Topf Wasser zum Kochen bringen, die Kartoffeln hineinlegen und das Wasser wieder aufkochen. Die Kartoffeln 10 bis 15 Minuten kochen lassen, bis sie fast durchgegart sind. Das Wasser abgießen und die Kartoffeln im Topf etwa 10 Minuten ausdämpfen lassen.

3 Die Kartoffeln bei 180 °C 5 bis 8 Minuten oder so lange, bis sie gar sind, frittieren. Etwas Salz darüber streuen. Das verhindert, dass sie zu schnell weich werden. Die Kartoffeln eignen sich nicht zum Einfrieren.

Frische Paprika-Tomaten-Salsa

Diese einfache, aber phantastische Salsa passt zu Kartoffelschnitzen (siehe links) oder zu Fischstreifen (s. Seite 95). Sie hält luftdicht verschlossen im Kühlschrank 2 oder 3 Tage. Die Salsa kann auch eingefroren werden.

Für 4 bis 6 Portionen

1 große rote Paprikaschote (ca. 200 g)
1 kleine Schalotte, geschält, oder 1 Frühlingszwiebel
450 g frische Tomaten, enthäutet, entkernt und geviertelt
½ Knoblauchzehe, geschält
3 Basilikumblätter
1 Spritzer frischer Zitronensaft

Die Paprikaschote schälen, das Kerngehäuse entfernen und das Fruchtfleisch in Viertel schneiden. Alle Zutaten in einer Küchenmaschine zerhacken. Die Salsa über Nacht in den Kühlschrank stellen, damit sich die Aromen entfalten.

Cocos leichtes Mittagsomelett

Dies ist ein sehr einfaches Mittagsgericht, doch Coco schmeckt es auch als Zwischenmahlzeit oder zum Frühstück. Schneiden Sie das Omelett in Stücke, die Ihr Kind gut in die Hand nehmen kann. Das Omelett eignet sich nicht zum Einfrieren.

Für 1 Portion

1 Ei, verquirlt
25 g gekochter Schinken, fein gewürfelt
25 g Hartkäse, gerieben
1 kleines Stück Butter

1 Das Ei, den Schinken und den Käse mischen. Eine beschichtete Pfanne erhitzen, die Butter darin schmelzen lassen.

2 Die Eimischung in die Pfanne geben, ein wenig rühren und 1 bis 2 Minuten braten, bis sie fest geworden ist. Das Omelett wenden, ein paar Minuten weitergaren, dann vom Herd nehmen. In Stücke schneiden und servieren.

Achtung

Waschen Sie Ihre Hände, wenn Sie Eierschalen angefasst haben. Es könnten Salmonellen daran sein, die zu schweren Erkrankungen führen können. Waschen Sie auch die Gabel, mit der Sie rohe Eier verquirlt haben, sofort ab.

Kleine Lamm-Kürbis-Küchlein

Lammhackfleisch kann sehr trocken sein, doch der Kürbis macht diese kleinen Küchlein saftig. Lamm und Kürbis ist eine herrliche Kombination. Coco nimmt normalerweise 2 Stück pro Portion.

Für 4 bis 5 Portionen

1 kleine Zwiebel, geschält
1 Knoblauchzehe, geschält und zerdrückt
250 g mageres Lammhackfleisch
2 EL frische Brotbrösel (s. Seite 123)
50 g Butternut-Kürbisbrei (s. Seite 21)
1 kleines Ei, verquirlt
Butter oder Öl zum Braten

1 Die Zwiebel und die Knoblauchzehe in einer Küchenmaschine hacken. Das Fleisch, die Brotbrösel und den Kürbis dazugeben und alles mischen, das Ei nach und nach darunter mischen. Aus der Fleischmasse 8 bis 10 kleine Küchlein formen.

2 Die Küchlein entweder tiefgefrieren oder sofort braten. Zum Einfrieren die Küchlein auf ein Brett mit Frischhaltefolie legen und mit Frischhaltefolie abdecken. Die Küchlein tiefgefrieren, dann paarweise oder einzeln verpacken. Bei Bedarf über Nacht im Kühlschrank auftauen lassen.

3 Etwas Butter oder Öl in einer Pfanne erhitzen und die Küchlein darin bei mittlerer Hitzezufuhr 4 Minuten auf jeder Seite braten, bis sie durchgegart sind.

Schweineschnitzel mit Zitrone und Thymian

Martin und die Jungs essen die Schnitzel gerne mit Frans Kartoffelschnitzen und Paprika-Tomaten-Salsa (s. Seite 99). Das schmeckt Coco auch, doch ihre beiden Schnitzel sind viel kleiner als die der anderen.

Für 4 Portionen

ca. 200 g	**Schweinefilet**
2 TL	**abgeriebene Schale einer unbehandelten Zitrone**
1 TL	**frische Thymianblätter**
4 EL	**getrocknete Brotbrösel (s. Seite 123)**
	Mehl zum Panieren
2	**Eier, leicht verquirlt**
	Butter oder Öl zum Braten

1 Das Filet zurechtschneiden und in 8 etwa 1 cm große Scheiben schneiden. Jede Scheibe zwischen 2 Lagen Frischhaltefolie legen und mit einem Teigroller flach klopfen.

2 Die Zitronenschale, den Thymian und die Brotbrösel mischen. Die Schweinefleischscheiben zuerst in Mehl, dann in Ei und zum Schluss in der Bröselmischung wenden.

3 Die Schnitzel entweder tiefgefrieren oder sofort braten. Zum Einfrieren ein Brett mit Frischhaltefolie auslegen, die Schnitzel darauf legen, mit Frischhaltefolie abdecken und tiefgefrieren. Anschließend portionsweise verpacken. Bei Bedarf die Schnitzel im Kühlschrank über Nacht auftauen lassen.

4 Etwas Butter oder Öl in einer Pfanne erhitzen, die Schnitzel bei mittlerer Hitzezufuhr 2 bis 3 Minuten auf jeder Seite braten. Sie sollten goldbraun sein.

»knusprig und zitronig«

Langsam geschmorte Entenkeulen mit Kumquats

Der Klassiker »Ente à l'orange« hat mich zu diesem Gericht inspiriert. Die Zubereitung ist einfach, wenngleich der Rezeptname anderes vermuten lässt. Einfach alle Zutaten im Schmortopf in den Backofen stellen und das Ganze die nächsten 1 bis 2 Stunden vergessen.

Für 6 bis 8 Portionen

- **1 kleine Zwiebel, geschält**
- **1 Lorbeerblatt**
- **2 Zweige frischer Thymian**
- **1 Knoblauchzehe, geschält und zerdrückt**
- **2 Entenkeulen (ca. 750 g)**
- **3 Kumquats, halbiert oder**
- **1 unbehandelte Orange, geviertelt**
- **ca. 300 ml ungesalzene Geflügelbrühe (s. Seite 125)**
- **2 mittelgroße Kartoffeln (ca. 250 g) geschält und gewürfelt**
- **1 kleiner Knollensellerie (ca. 250 g), geschält und gewürfelt**

1 Den Backofen auf 160 °C vorheizen.

2 Zwiebel, Lorbeerblatt, Thymian und Knoblauch in eine feuerfeste Form geben. Die Entenkeulen und die Kumquats (oder die Orange) darauf legen und die Brühe darüber gießen. Die Brühe zum Kochen bringen, die Form schließen und in den Backofen stellen. Die Entenkeulen etwa 1¾ Stunden oder so lange, bis das Fleisch weich ist, garen.

3 Die Keulen abkühlen lassen. Dann die Kräuter entfernen und die Keulen über einer Schüssel absieben; Flüssigkeit auffangen.

4 Inzwischen die Kartoffeln und den Sellerie in einen Topf geben und so viel kaltes Wasser dazugeben, bis das Gemüse bedeckt ist. Das Wasser zum Kochen bringen und die Hitzezufuhr reduzieren. Das Gemüse etwa 20 Minuten weich kochen, dann absieben, zerdrücken und beiseite stellen.

5 Das Entenfleisch von den Knochen lösen und zusammen mit einer Kumquat und der Zwiebel in der Küchenmaschine zerkleinern. (Nicht alle Kumquats nehmen, da sie etwas bitter sein können.) Das Ganze für ältere Kinder nur grob hacken.

6 Die Fleischmischung zum Sellerie-Kartoffel-Brei geben, gegebenenfalls etwas Brühe dazugeben. Das Ganze in Portionen teilen, servieren oder tiefgefrieren.

Mehr über ...

Kumquats

Diese Früchte aus der Orangenfamilie sind etwa so groß wie Oliven. Sie haben eine essbare Schale und schmecken leicht bitter.

Frischkäsestangen

Dieses Rezept stammt von meiner Mutter. Es ähnelt einem Blitzblätterteig. Damit lassen sich Würstchen einrollen oder gefüllte Teigtaschen zubereiten. Sie können aus dem Teig auch Herzen oder Dreiecke ausstechen. Auf den mit Ei bestrichen Teig streuen Sie Mohn- oder Sesamsamen oder, das schmeckt den Jungs am besten, Kümmel. Coco liebt alle Variationen.

Die Stangen können nicht eingefroren werden, doch sie halten luftdicht verschlossen bis zu 2 Tage. Reichen Sie dazu Dips und Aufstriche (Seite 107 bis 110).

Für 4 bis 6 Portionen

100 g Mehl
100 g Frischkäse
100 g Butter
1 Ei verquirlt, zum Bestreichen

1 Den Backofen auf 230 °C vorheizen.

2 Das Mehl in eine Schüssel sieben, zusammen mit dem Käse und der Butter zu großen Bröseln verreiben. Daraus eine Kugel formen. Die Kugel in Frischhaltefolie wickeln und über Nacht oder zumindest einige Stunden im Kühlschrank ruhen lassen, damit der Teig fest wird.

3 Den Teig etwa 3 mm dünn ausrollen, mit Ei bepinseln und in fingergroße Streifen schneiden.

4 Die Streifen auf einem beschichteten Backblech etwa 10 Minuten goldbraun backen. Die Stangen aus dem Ofen nehmen, auf einem Brett etwa 5 Minuten ruhen lassen, dann auf ein Kuchengitter legen.

Blätterteigtaschen mit Schinken, Lauch und Käse

Dieser köstliche Snack ist hervorragend zum Mitnehmen geeignet. Damit machen Sie Ihren Sprössling glücklich.

Für 8 Portionen

1		kleines Stück Butter
3	EL	Wasser
100–175	g	Lauch, fein geschnitten
50	g	Hartkäse, gerieben
50	g	gekochter Schinken, dünn geschnitten und fein gewürfelt
		Mehl zum Bestäuben
ca. 200	g	Blätterteig
1		Ei, verquirlt

1 Butter, Wasser und Lauch in einen Topf geben, diesen schließen und den Lauch mit mittlerer Hitzezufuhr 8 bis 10 Minuten weich garen. Den Lauch abkühlen lassen und mit Käse und Schinken mischen.

2 Den Blätterteig auf einer leicht mit Mehl bestreuten Arbeitsfläche 3 mm dick ausrollen. Dann 8 bis 10 Kreise von 10 cm Durchmesser ausstechen. (Sie sollten 8 bis 10 Stück erhalten.)

3 Jeweils 1 gehäuften Teelöffel der Lauchmischung in die Mitte einer Blätterteigscheibe geben. Die Ränder mit verquirltem Ei bestreichen. Die Scheiben zusammenklappen und die Ränder gut mit den Fingern oder mit den in Mehl getauchten Zinken einer Gabel fest zusammendrücken. Die Taschen mit verquirltem Ei bestreichen, auf ein Brett legen und einfrieren.

4 Bei Bedarf den Backofen auf 190 °C vorheizen. Die gefrorenen Taschen 20 bis 25 Minuten goldbraun backen und vor dem Servieren abkühlen lassen.

Zubereitungstipp

Wollen Sie die Taschen backen, müssen diese mindestens 1 Stunde im Kühlschrank ruhen. Anschließend im auf 200 °C vorgeheizten Backofen etwa 10 Minuten backen.

Erbsen-Minz-Dip

Eine phantastiche Kombination – die Frische der Minze und die leuchtende Farbe der Erbsen harmonieren aufs Beste. Sie können den Dip auch auf frisches, kross gebackenes Brot streichen. Coco dippt am liebsten mit den Fingern.

Für 6 Portionen

ca. 200 g TK-Erbsen, aufgetaut
1 EL gehackte Petersilie
1 TL gehackte Minze
Saft von ½ Zitrone
1 TL Zucker
100 g Frischkäse
1 kleine Frühlingszwiebel, gehackt
Salz und Pfeffer nach Belieben

Alle Zutaten in eine Küchenmaschine geben und mixen. Der Dip kann nicht eingefroren werden, hält sich jedoch – luftdicht verschlossen – 2 Tage im Kühlschrank.

Cocos schmackhafter Hummus

Tahin ist eine Paste aus gemahlenen Sesamsamen, die dem Hummus seinen speziellen Geschmack verleiht.

Wenn Sie keine Zeit haben, die Kichererbsen über Nacht einzuweichen, nehmen Sie Kichererbsen aus der Dose.

Für 6 Portionen

100 g getrocknete Kichererbsen
1 Knoblauchzehe, geschält
Saft von ½ Zitrone
3 EL Olivenöl
2 TL Tahin
ein Hauch Cayennepfeffer
Salz nach Belieben

1 Die Kichererbsen über Nacht in Wasser einweichen. Danach abspülen, in einen Topf geben und frisches Wasser darauf geben. Das Wasser zum Kochen bringen und die Kichererbsen bei mittlerer Hitzezufuhr im offenen Topf in 1 bis 1½ Stunden weich kochen. Die Kichererbsen über einer Schüssel absieben und die Kochflüssigkeit auffangen.

2 Alle Zutaten in einer Küchenmaschine pürieren und gegebenenfalls ein wenig Kochflüssigkeit dazugeben. Die Konsistenz sollte wie die einer dicken Mayonnaise sein. Hummus kann nicht eingefroren werden, er hält sich jedoch luftdicht verschlossen 2 Tage im Kühlschrank.

Serviertipp

Ein idealer, köstlicher Dip für Brotstangen oder rohen Gemüse, wie Karotten oder Bleichsellerie, oder einfach als Aufstrich auf Toast.

Tzatziki

Damit sich die Aromen entfalten, lasse ich Dips und Aufstriche über Nacht stehen. Ich muss sie vor Martin, der nachts den Kühlschrank plündert, jedoch verstecken.

Sollte Tzatziki übrig sein, kann es luftdicht verschlossen bis zu 2 Tage im Kühlschrank aufbewahrt werden.

Für 4 Portionen

1	**Gurke, geschält**
	Salz
ca. 200 g	**Vollmilch-Naturjoghurt**
1	**Knoblauchzehe, geschält und fein gehackt**
2 TL	**gehackter Dill**
	Pfeffer nach Belieben

1 Die Gurke längs halbieren und die Kerne herausschaben. Die Gurke in eine Kunststoffschüssel reiben, mit Salz bestreuen und etwa 45 Minuten ziehen lassen.

2 Inzwischen Joghurt, Knoblauch, Dill und Pfeffer in einer Schüssel mischen. Die Gurke abspülen und so gut wie möglich in einem trockenen Tuch ausdrücken.

3 Die Gurke unter den Joghurt rühren und das Ganze über Nacht im Kühlschrank stehen lassen, damit sich die Aromen entfalten. Tzatziki eignet sich nicht zum Einfrieren.

Ernährungsinfo

Gurken enthalten viel Wasser. Deshalb sind sie so erfrischend – und haben dabei nur sehr wenig Kalorien!

Lachs-Schnitt-lauch-Dill-Dip

Coco und ich gingen in Bath einkaufen. Da es kalt und regnerisch war, wärmten wir uns in einem Café auf. Ich konnte einem frischen Sandwich mit geräuchertem Lachs und Frischkäse nicht widerstehen. Coco, die zufrieden ihre Banane aß, wollte, als ich zu essen begann, unbedingt probieren. Ich gab ihr etwas von meinem Sandwich. Sie pickte Lachs und Frischkäse heraus und sagte: »Mehr, mehr!« Deshalb beschloss ich, diese Kombination auszuprobieren und – welche Überraschung – Coco liebt sie!

Für 4 bis 6 Portionen

- **100 g geräucherter Lachs**
- **400 g Frischkäse**
- **2 TL gehackter Schnittlauch**
- **2 TL gehackter Dill**
- **1 Spritzer frisch gepresster Zitronensaft**

Alle Zutaten in einer Küchenmaschine pürieren. Der Dip kann nicht eingefroren werden.

Cocos Guacamole

Die klassische Guacamole enthält frischen Chili, viel Knoblauch und ist ebenso würzig wie scharf. Ich habe das Rezept für Coco »entschärft«. Es schmeckt ihr. Großartig, denn Avocados sind reich an Nährstoffen.

Für 4 bis 6 Portionen

- **2 reife Avocados, geschält und ohne Stein**
- **1 Spritzer frisch gepresster Zitronensaft**
- **4 TL Crème fraîche**
- **1 kleine Knoblauchzehe, geschält und gehackt**
- **1 kleine Frühlingszwiebel, gehackt**
- **1 EL kaltes Wasser**
- **Salz und Pfeffer nach Belieben**

Alle Zutaten in eine Küchenmaschine geben und pürieren. Der Dip kann nicht eingefroren werden, hält sich jedoch luftdicht verschlossen 2 Tage im Kühlschrank. Allerdings verliert er nach 1 Tag die Farbe.

Cremiger Hähnchenleberaufstrich

Ein weiteres ebenso einfaches wie köstliches Rezept. Ich bereitete diese Creme an Weihnachten für Freunde zu, die auf einen Drink kamen. Coco bediente sich, wie so oft, selbst und äußerte ein genussvolles: »Ummmm!«

Für 4 Portionen

175 g	**Butter**
25 g	**Zwiebel, geschält und gehackt**
1	**kleine Knoblauchzehe, geschält und gehackt**
25 g	**ungeräucherter Frühstücksspeck, gewürfelt**
ca. 200 g	**Hähnchenleber, küchenfertig**
ca. 50 ml	**kaltes Wasser**
½ TL	**Zucker**
1	**Prise Muskatblüte**

»Ummmm!«

Serviertipp

Aus dieser Creme lassen sich köstliche Canapés für Erwachsene zaubern. Für die Gäste im Restaurant mixt Martin ein wenig Brandy oder Sherry mit Sahne darunter und spritzt die Creme in kleine Windbeutel.

1 Etwa 25 g Butter in einer Pfanne erhitzen und die Zwiebel und den Knoblauch darin 2 bis 3 Minuten braten.

2 Den Speck und die Leber dazugeben und alles etwa 5 Minuten braten, bis die Leber gar ist. Dabei ab und zu wenden. Das Wasser dazugeben und den Bratensatz mit einem Holzlöffel vom Pfannenboden ablösen. Alles gut verrühren und in einer Küchenmaschine pürieren.

3 Die restliche Butter in die Pfanne geben, die Lebercreme zufügen und alles mit der Butter glatt verrühren. Ist die Creme noch etwas körnig, diese durch ein Sieb streichen. Der Aufstrich eignet sich nicht zum Einfrieren, er kann jedoch luftdicht verschlossen 2 Tage im Kühlschrank aufbewahrt werden.

Windbeutel

Ich stelle immer ein Blech mit Wasser auf den Boden des Backofens, um Dampf zu erzeugen. Dies hilft dem Teig beim Aufgehen. Windbeutel halten sich 1 Tag, sie können auch sehr gut eingefroren werden.

Für 18 bis 20 Windbeutel

150 ml	**Wasser**
50 g	**Butter**
60 g	**Mehl**
2	**Eier, verquirlt**
300 g	**süße Sahne, steif geschlagen**
	Puderzucker zum Bestäuben

1 Den Backofen auf 200 °C vorheizen. Ein Backblech einfetten und mit Backpapier belegen.

2 Das Wasser zusammen mit der Butter in einem Topf zum Kochen bringen. Den Herd ausschalten und das Mehl auf einmal in das Wasser geben, dabei kräftig mit einem Holzlöffel rühren, bis sich ein Kloß und ein weißer Belag am Topfboden bilden.

3 Die Eier nach und nach darunter schlagen, bis eine feste, glatte, geschmeidige Masse entstanden ist.

4 Die Teigmasse in kleinen Tupfen auf das Backpapier spritzen. Die Windbeutel im Backofen 25 bis 30 Minuten knusprig und goldbraun backen.

5 In den Boden der abgekühlten Windbeutel ein kleines Loch bohren und etwas Schlagsahne hineinspritzen. Mit Puderzucker bestäuben und servieren.

Frittierte Reisbällchen

Eine von Martins Kreationen – eine beliebte noch dazu, und das nicht nur bei Coco, sondern auch bei den Gästen im Restaurant.

Für 6 Portionen

1 Rezept Reispudding (s. Seite 84)
1 Rezept Ausbackteig (s. Seite 123)
Mehl zum Überziehen
Zucker und Zimt zum Bestäuben

1 Den Reispudding zubereiten und abkühlen lassen. Dann im Kühlschrank fest werden lassen.

2 Den Ausbackteig zubereiten und im Kühlschrank ausquellen lassen.

3 Aus dem Reispudding kleine Bällchen formen und diese in Mehl wenden. Die Bällchen in den Teig tauchen und bei 180 °C frittieren, bis sie goldbraun sind. Die Bällchen mit Zucker und Zimt bestreuen.

4 Die Bällchen zusammen mit Himbeersauce (s. Seite 88) oder mit einem Mangopüree (s. Seiten 71 und 87) servieren.

Grundrezept für Brötchen (Scones)

Diesen Teig verwende ich auch für meine schnelle Pizza (s. Seite 30).

Für 10 bis 12 Stück

25–50 g	Butter
220 g	Mehl
2 TL	Backpulver
150 ml	Milch

1 Den Backofen auf 220 °C vorheizen.

2 Die Butter mit dem Mehl zu groben Streuseln verreiben.

3 In die Mitte eine Mulde drücken und so viel Milch unter die Streusel kneten, dass ein weicher Teig entsteht. (Fertig für die Pizza!)

4 Den Teig etwa 2 cm dick ausrollen und runde Plätzchen ausstechen. Diese auf ein gefettetes Backblech legen, die Oberfläche mit ein wenig Milch bestreichen und Brötchen oben im Backofen etwa 10 Minuten backen. Leicht abkühlen lassen, aufschneiden und zusammen mit Butter servieren.

Süßkartoffel-Brötchen

Eine wunderbare Variante der bekannten Scones. Der Teig ist sehr weich, deshalb behutsam damit umgehen. Scones, gleich in welcher Variation, können nicht eingefroren werden.

Für 10 bis 12 Brötchen

180 g	Süßkartoffeln, geschält und in kleine Stücke geschnitten
220 g	Mehl
50 g	brauner Zucker
1 EL	Backpulver
½ TL	gemahlene Muskatblüte
50 g	Butter
2 TL	gehackter Schnittlauch
ca. 50 ml	Milch

1 Die Süßkartoffeln in einen Topf geben. So viel Wasser dazugeben, dass sie bedeckt sind. Das Wasser zum Kochen bringen, den Topf schließen und die Süßkartoffeln 5 bis 10 Minuten weich kochen. Die Kartoffeln absieben, zerdrücken und abkühlen lassen.

2 Den Backofen auf 220 °C vorheizen.

3 Alle trockenen Zutaten in eine Schüssel geben und mit der Butter zu Streuseln verreiben. Die Süßkartoffeln und den Schnittlauch dazugeben. Die Milch zufügen und alles zu einem glatten Teig verkneten.

4 Den Teig etwa 2 cm dick ausrollen und runde Plätzchen ausstechen. Diese auf ein gefettetes Backblech legen und 10 bis 12 Minuten backen. Die Brötchen abkühlen lassen und servieren.

Variationen

Fruchtscones
Geben Sie 50 g getrocknete Früchte am Ende von Schritt 2 zum Grundteig.

Würzige Scones
Geben Sie 50 bis 75 g geriebenen Cheddar Käse am Ende von Schritt 2 zum Grundteig.

Haferkekse

Ein sehr süßer Leckerbissen. Doch Haferflocken sind sehr nahrhaft. Die Kekse eignen sich nicht zum Einfrieren.

Für 12 Haferkekse

20 g	**brauner Zucker**
100 g	**Butter**
2 EL	**Zuckerrohrsirup (Golden Syrup)**
220 g	**Haferflocken**
1	**Prise Salz**

1 Den Backofen auf 190 °C vorheizen. Ein Backblech (25 x 20 cm) einfetten und mit Backpapier belegen.

2 Zucker, Butter und Sirup zusammen im Wasserbad oder in der Mikrowelle schmelzen. Die Haferflocken dazugeben und alles gut mischen. Die Mischung auf das Blech streichen und 30 bis 40 Minuten goldbraun backen.

3 Die Teigplatte herausnehmen, etwa 10 Minuten ruhen lassen und dann in Stücke schneiden. Die Kekse auf dem Blech abkühlen lassen.

Rosinenkekse

Die Jungs lieben Rosinenkekse, wenn sie aus der Schule kommen. Und alles, was den Jungs schmeckt, mag Coco auch. Max sagt immer, es rieche so gemütlich, wenn die Kekse gebacken werden. Die Kekse halten sich luftdicht verschlossen bis zu 2 Tagen, aber sie können nicht eingefroren werden.

Für 10 bis 12 Kekse

220 g	**Mehl**
2	**gestrichene TL Backpulver**
100 g	**Butter**
1	**Prise Salz**
¼ TL	**Lebkuchengewürz**
100 g	**Zucker**
100 g	**Rosinen**
1	**Ei, leicht verquirlt**
	Milch zum Mischen

1 Den Backofen auf 200 °C vorheizen. Ein Backblech einfetten und mit Backpapier belegen.

2 Mehl und Backpulver mischen, die Butter dazugeben und alles zu großen Streuseln verreiben. Salz, Gewürze, Zucker und Rosinen dazugeben. In die Mitte eine Mulde drücken. Das Ei und ein wenig Milch hineingeben und alles vermischen. Der Teig sollte dick und fest sein, bei Bedarf ein wenig mehr Milch nehmen.

3 Den Teig mit einem Löffel in kleinen Häufchen auf das Backblech setzen. Die Kekse 15 bis 20 Minuten oder so lange backen, bis sie fest geworden sind.

Cocos Lieblingsbrownies (und die von Leon und Max)

Meine Mutter backte die Brownies immer für mich und meine Brüder Huw und Richard, als wir noch klein waren. Der verlockende Geruch lässt sich nicht übertreffen – damals saß selbst unsere verrückte Siamkatze während des Backens am warmen Backofen. Ich habe keine Katze, aber 3 Kinder, die das Gleiche tun. Sobald die Brownies abgekühlt sind, sind sie auch schon gegessen!

Je besser die Schokolade ist, die Sie nehmen, desto besser werden die Brownies. Servieren Sie diese warm mit Eis oder Vanillesauce.

»Noch eins, bitte!«

Für 12 Kekse

100 g	**Butter**
170 g	**Zucker**
½ TL	**gemahlene Vanille**
20 g	**Trinkschokoladenpulver**
2	**Eier, verquirlt**
50 g	**Bitterschokolade, geschmolzen**
100 g	**Walnüsse, gehackt**
80 g	**Mehl**
½ TL	**Backpulver**

1 Den Backofen auf 190 °C vorheizen. Ein quadratisches Backblech (20 cm) einfetten und mit Backpapier auslegen.

2 Die Butter und den Zucker schaumig rühren. Vanille, Trinkschokoladenpulver, Eier und zum Schluss die geschmolzene Schokolade hineinrühren. Die Nüsse (nach Belieben) hineinrühren und alles gut durchmischen. Dann das Mehl und das Backpulver dazugeben.

3 Den Teig auf das Blech geben und 30 bis 35 Minuten backen, bis er durchgebacken ist. Die Teigplatte in Quadrate schneiden und abkühlen lassen. Die Brownies können nicht eingefroren werden, halten sich jedoch in einer luftdichten Dose bis zu 2 Tage.

Kokosnuss-Schokoladen-Plätzchen

Weitaus besser als die gekauften, schmecken diese selbst gemachten Plätzchen. Stellen Sie sich jedoch darauf ein, bald wieder frische backen zu müssen. Bei uns sind die Plätzchen schnell aufgegessen – nicht nur von Coco!

Für 20 bis 24 Plätzchen

100 g	**Butter**
100 g	**brauner Zucker**
50 g	**Zucker**
einige	**Tropfen Vanilleessenz**
1	**Ei, verquirlt**
½ TL	**Speisenatron**
200 g	**Mehl, gesiebt**
100 g	**Schokoflocken**
50 g	**Kokosraspel**

1 Den Backofen auf 180 °C vorheizen. Ein Backblech mit Backpapier belegen.

2 Die Butter und den Zucker schaumig rühren. Die Vanille und das Ei nach und nach dazugeben, dabei ständig rühren. Natron, Mehl, Schokoflocken und Kokosraspeln mit einem großen Löffel darunter rühren.

3 Mit einem Teelöffel kleine Teighäufchen auf das Backblech setzen, dabei 5 cm Abstand lassen. Die Plätzchen 10 bis 15 Minuten leicht braun backen. Sie halten sich in einer luftdichten Dose 2 bis 3 Tage, eignen sich nicht zum Einfrieren

»Wo sind meine Plätzchen?«

Orangenplätzchen

Diese Plätzchen sind mit Zuckerguss in der Mitte sehr süß. Ich bevorzuge sie eher »trocken«, die Kinder hingegen mögen sie gefüllt.

Kaufen Sie unbehandelte Orangen, waschen Sie diese gründlich und achten Sie darauf, nichts vom weißen Schalenteil zu verwenden, da dieser bitter ist.

Für 20 Plätzchen

Für die Plätzchen:

- **100 g Zucker**
- **100 g Butter**
- **abgeriebene Schale von 1 unbehandelten Orange**
- **2 TL Zuckerrohrsirup (Golden Syrup)**
- **1 Eigelb**
- **200 g Mehl**
- **1 TL Backpulver**

Für den Guss:

- **70 g Puderzucker**
- **etwas Schale 1 unbehandelten Orange**
- **2 TL Orangensaft**
- **40 g Butter**

Zubereitung der Plätzchen

1 Den Backofen auf 190 °C vorheizen. Ein Backblech einfetten und mit Backpapier auslegen.

2 Zucker, Butter und Orangenschale schaumig rühren. Den Sirup und das Eigelb dazugeben. Das Mehl und das Backpulver mischen und darunter rühren.

3 Aus dem recht krümeligen Teig kleine Kugeln formen und mit ausreichend Abstand auf das Backblech setzen. Leicht andrücken. Die Plätzchen 20 bis 25 Minuten goldbraun backen. Sie laufen dabei ein wenig auseinander.

4 Die Plätzchen aus dem Ofen nehmen und auf dem Blech 5 Minuten ruhen lassen, dann auf ein Kuchengitter legen. Die Plätzchen können 2 bis 3 Tage in einer luftdichten Dose aufbewahrt werden, sie eignen sich nicht zum Einfrieren.

Zubereitung des Orangengusses

5 Den Puderzucker in eine Schüssel sieben. Zusammen mit der Orangenschale, dem Saft und der Butter cremig rühren.

6 Je 2 Plätzchen mit etwas Orangenguss zusammenkleben.

Zitronenaufstrich (Lemon curd)

Dieser fruchtige Aufstrich besitzt ein phantastisches frisches Aroma und ist so einfach zuzubereiten. Beim ersten Probieren zuckte Coco zusammen, doch auf einem Toastbrot schmeckte ihr der Aufstrich vorzüglich.

Verwenden Sie unbehandelte Zitronen und waschen Sie diese gründlich.

Für 200 bis 250 ml

- **2 Zitronen**
- **2 Eier**
- **50 g Butter**
- **100 g Zucker**

1 Die Zitronenschale fein abreiben. Dabei darauf achten, nichts vom weißen Schalenteil zu verwenden, da dieser bitter ist. Die Zitronen ausdrücken. Zitronenschale und -saft in eine große Schüssel geben. Eier, Butter und Zucker dazugeben.

2 Die Eiermischung bei mittlerer Hitzezufuhr über einem Wasserbad mit einem Schneebesen aufschlagen. Wenn die Creme dick zu werden beginnt, die Hitzezufuhr reduzieren und so lange weiterschlagen, bis die Creme nicht mehr durchsichtig ist. Die Creme vom Herd nehmen und einige Minuten weiterschlagen, damit sie leichter und schaumiger wird. Das Aufschlagen der Creme benötigt insgesamt 15 bis 20 Minuten.

3 Die fertige Creme abkühlen lassen. Sie hält sich in einem Einmachglas im Kühlschrank bis zu 2 Wochen, sie kann jedoch nicht tiefgefroren werden.

Variation

Für eine einfache Nachspeise zwei Teile Crème fraîche mit einem Teil Lemon Curd mischen. Die Creme entweder sofort servieren oder tiefgefrieren. Da die gefrorene Creme recht fest ist, diese 10 Minuten vor Gebrauch aus dem Tiefkühlgerät nehmen.

Exotischer Obstsalat

Eine erfrischende Variante des üblichen Fruchtsalat. Coco mag ihn sehr und er lässt sich auch gut einfrieren. Achten Sie darauf, dass die Früchte wirklich reif sind.

Lychees, die ursprünglich aus China kommen, haben ein wunderbar süßes Aroma, das dem von Holunderblüten ähnelt. Sie sind reich an Vitamin C.

Für 4 bis 6 Portionen

- **½ kleine Ananas, geschält**
- **½ Papaya, geschält**
- **½ Mango, geschält und entkernt**
- **1 große Kiwi, geschält**
- **4 Lychees, geschält und entkernt**
- **4 große Erdbeeren ohne Grün**
- **Saft von 1 großen Orange**

Die Ananas vom Strunk schneiden, die Samen der Papaya entfernen. Alle Früchte klein schneiden, mischen und den Orangensaft dazugeben. Den Obstsalat etwa 1 Stunde im Kühlschrank durchziehen lassen, damit sich die Aromen entfalten können. Den Obstsalat allein für sich oder zusammen mit Eis servieren.

Fruchtbissen

Dies ist ein weiteres Rezept meiner Mutter. Vater aß die Datteln gewöhnlich auf, noch bevor diese abgekühlt waren. Er liebte Datteln über alles! Wenn Sie keine Nüsse verwenden möchten, nehmen Sie stattdessen getrocknete Birnen, Pflaumen oder Sultaninen. Diese Bissen sind voller natürlicher Aromen und – im Gegensatz zu gekauftem Fruchtgummi – ohne viel Zucker und andere Zusätze.

Für 12 Stück

170 g	getrocknete Aprikosen
170 g	Datteln
100 g	Walnüsse
20 g	Butter, geschmolzen
2 TL	heller Rohrzucker
1 EL	Mehl
1 Prise	Backpulver
1	Ei
	Zucker zum Bestreuen

1 Den Backofen auf 190 °C vorheizen. Ein quadratisches Backblech (20 cm) fetten und mit Backpapier auslegen.

2 Aprikosen, Datteln und Walnüsse in einer Küchenmaschine fein hacken. Dann die Früchte in eine Schüssel geben und mit Zucker, Butter, Mehl, Backpulver und Ei sehr gut mischen. Die Masse auf das Blech drücken.

3 Die Masse etwa 35 Minuten backen. Anschließend abkühlen lassen, in kleine Quadrate schneiden und mit Zucker bestreuen. Die Bissen halten in einer luftdichten Dose bis zu 3 Tagen – wenn sie vorher nicht aufgegessen werden! Sie eignen sich nicht zum Einfrieren.

Grundrezepte

Auf den folgenden Seiten finden Sie Rezepte, die für verschiedene Gerichte benötigt werden. Diese habe ich der Einfachheit halber und damit sie leichter zu finden sind in einem eigenen Kapitel zusammengefasst.

Einige Rezepte für Brühen und Fonds habe ich in dieses Kapitel integriert. Es empfiehlt sich, beide selbst zu machen, da die entsprechenden Fertigprodukte meist sehr viel Salz enthalten.

Selbst gekochte Brühen lassen sich portionsweise einfrieren, sodass Sie diese immer auf Vorrat und rasch zur Hand haben.

Kartoffelbrei

Dieser klassische Kartoffelbrei ist leicht zuzubereiten und wird für viele Gerichte in diesem Buch verwendet. Darüber hinaus lässt er sich gut mit den meisten Gemüsesorten mischen.

Für ca. 350 g Brei

3 mittelgroße Kartoffeln (ca. 350 g)

1 Die Kartoffeln schälen, in Würfel schneiden und in einen Topf geben. So viel kaltes Wasser dazugeben, bis die Kartoffeln bedeckt sind. Die Kartoffeln zum Kochen bringen, den Topf schließen und die Hitzezufuhr reduzieren. Die Kartoffeln etwa 20 Minuten oder so lange, bis sie weich sind, kochen.

2 Die Kartoffeln absieben, mit einer Gabel zerdrücken oder durch eine Kartoffelpresse drücken. Keinesfalls in der Küchenmaschine zerkleinern, da der Brei sonst klebrig wird.

Weiße Grundsauce

Diese weiße Grundsauce wird ohne aufwändige Mehlschwitze gemacht und gelingt deshalb auch, wenn Sie es eilig haben.

Für Babys unter 12 Monaten nehmen Sie die Säuglingsmilch, die Sie üblicherweise auch verwenden. Sprechen Sie mit dem Arzt oder Ernährungsberater, bevor sie Kuhmilch nehmen.

Für ca. 600 ml

ca. 600 ml	**kalte Milch**
50 g	**Butter**
40 g	**Vollkornmehl**
1	**Lorbeerblatt**

1 Alle Zutaten in einen Kochtopf mit dickem Boden geben. Die Milch muss kalt sein, sonst klumpt die Sauce.

2 Das Ganze bei mittlerer Hitzezufuhr erwärmen und dabei ständig mit dem Schneebesen schlagen, bis die Sauce dick zu werden beginnt. Die Hitzezufuhr reduzieren, die Sauce etwa 5 Minuten köcheln lassen und dabei gelegentlich umrühren. Das Lorbeerblatt vor der weiteren Verwendung entfernen.

Variationen

Käsesauce
50 g geriebenen Hartkäse in die heiße Sauce geben und unter Rühren schmelzen lassen.

Velouté
Anstelle der Milch Brühe für die Sauce verwenden (s. Seite 58).

Dillsauce für gedünsteten Lachs
Nach dem Dünsten des Fisches, den Fisch aus der Garflüssigkeit nehmen und diese für die Sauce verwenden. Zum Schluss etwas Dill dazugeben.

Frische Tomatensauce

Tomatenstücke in Dosen sollten sich immer im Küchenschrank befinden, damit Sie unter Zeitdruck danach greifen können. Dennoch: Tomaten in Dosen enthalten etwas Salz. Wünschen Sie eine salzfreie Ernährung für Ihr Kind, bereiten Sie die Tomatensauce einfach selbst zu. Das ist ganz einfach.

Für ca. 400 g

1 EL Olivenöl
1 kleine Zwiebel, gehackt
1 kg frische, reife Tomaten, enthäutet, entkernt und gehackt (ca. 400 g ohne Haut und Kerne)

1 Das Olivenöl in einem Topf bei mittlerer Hitzezufuhr erwärmen. Die Zwiebel dazugeben und 5 Minuten weich dünsten.

2 Die Tomaten dazugeben und zum Köcheln bringen. Die Hitzezufuhr reduzieren und die Tomaten im offenen Topf etwa 10 Minuten oder so lange, bis sie weich sind, kochen.

3 Die Sauce sofort weiterverwenden oder im Kühlschrank 2 Tage aufbewahren. Sie können die Tomatensauce auch portionsweise einfrieren. Wird sie zuerst aufgetaut, lässt sie sich leichter verarbeiten.

Ausbackteig

Dieser Teig schmeckt köstlich und ist ebenso leicht wie schnell gemacht. Nehmen Sie ihn für die »Frittierten Reisbällchen« (siehe Seite 111) und zum Ausbacken kleiner Fisch- und Hähnchenstücke. Verwenden Sie den gesamten Tag und bereiten Sie daraus ein Gericht für die ganze Familie zu, da der Teig sich nicht aufbewahren lässt.

Ich nehme für den Teig Bier. Der Alkohol verdunstet beim Frittieren. Sie können statt dessen jedoch auch Mineralwasser verwenden.

Für ca. 300 ml

1	**Tütchen Trockenhefe (7 g)**
250 ml	**Mineralwasser oder Bier**
1	**Prise Salz**
1	**Prise Zucker**
1 TL	**Weißweinessig**
180 g	**Vollkornmehl**

1 Die Hefe in einer großen Schüssel im Mineralwasser oder Bier auflösen. Dann Salz, Zucker und Essig dazugeben.

2 Das Mehl in die Flüssigkeit sieben. Den Teig schlagen, bis er glatt und cremig ist. Ist der Teig zu dick, noch etwas Mineralwasser oder Bier dazugeben.

3 Den Teig etwa 20 Minuten im Kühlschrank ruhen lassen.

4 Reisbällchen, Fisch- bzw. Hähnchenstücke in den Teig tauchen und bei 180 °C goldbraun frittieren.

Brotbrösel

Nehmen Sie für diese Brösel keine vorgeschnittenen, abgepackten Brote. Diese enthalten viele Zusätze, damit sie lange frisch bleiben.

Frische Brösel
Nehmen Sie für diese Brösel keine vorgeschnittenen, abgepackten Brote. Diese enthalten viele Zusätze, damit sie lange frisch bleiben.

Getrocknete Brösel
Brotreste und Krusten auf einem Backblech ausbreiten und in einen noch warmen, ausgeschalteten Backofen stellen (z. B. nachdem Sie den Sonntagsbraten aus dem Ofen genommen haben, so sparen Sie Energie!). Das harte und erkaltete Brot in einer Küchenmaschine zu feinen Bröseln zerhacken. Die Brösel halten sich luftdicht verschlossen etwa 2 Wochen. Ich nehme sie für Fischküchlein oder frittierten Fischstreifen (s. Seite 93 bis 95).

Brühen und Fonds

Hinweise und Tipps

Die Knochen
Um ein Maximum an Aroma in möglichst kurzer Zeit zu bekommen, sollten Sie kleine Knochenstücke verwenden.

Abschäumen
Sobald die Brühe kocht, steigt unweigerlich etwas Schaum an die Oberfläche. Heben Sie diesen einfach mit einer Kelle ab und achten Sie darauf, nicht zu viel von der Brühe abzuschöpfen.

Entfetten
Der einfachste Weg, das Fett von der Brühe zu entfernen, ist, sie über Nacht im Kühlschrank stehen zu lassen. Das Fett setzt sich auf der Oberfläche ab und kann einfach abgehoben werden.

Reduzieren
Nach dem Entfetten können Sie die Brühe erneut zum Kochen bringen und einkochen lassen, um das Aroma zu konzentrieren.

Braune Rinderbrühe

Für ca. 2 l

ca. 1 kg	**Rinderknochen (z. B. Rippenknochen) in gleich große Stücke gehackt**
1	**Zwiebel (ca. 100 g), geviertelt**
1	**Karotte (ca. 100 g), in große Stücke geschnitten**
100 g	**Lauch, halbiert**
2	**Stangen Bleichsellerie (ca. 100 g), halbiert**
ca. 2 l	**Wasser**
6	**Tomaten, halbiert und entkernt**
1	**kleines Bund Petersilie**
1	**Zweig Thymian**
4	**schwarze Pfefferkörner**
1	**Lorbeerblatt**

1 Den Backofen auf 230 °C vorheizen. Die Knochen und das Gemüse (außer den Tomaten) in ein tiefes Backblech legen und 20 bis 30 Minuten braun rösten. Die Zutaten ab und zu wenden. Das Gemüse verbrennt nicht, da es in große Stücke geschnitten ist.

2 Alles Fett abgießen und die Knochen und das Gemüse in einen großen Topf geben. Den Bratensatz mit etwas kochendem Wasser gut ablösen und einige Minuten loskochen.

3 Den Bratensaft zu den Knochen geben. Wasser, Tomaten, Kräuter und Gewürze dazugeben, alles zum Kochen bringen und abschäumen. Die Brühe 2 bis 2½ Stunden köcheln lassen, ab und zu abschäumen. Die Brühe durchsieben und abkühlen lassen. Alles Fett entfernen und die Brühe portionsweise tiefgefrieren.

Geflügelbrühe

Für ca. 2 l

1	Zwiebel (ca. 100 g)
1	Karotte (ca. 100 g)
1	Lauch (ca. 100 g)
1 Stange	Bleichsellerie (ca. 50 g)
1 kg	Hähnchenknochen, gehackt
2 l	Wasser
1	kleines Bund Petersilie
1	Zweig Thymian
4	schwarze Pfefferkörner
1	Lorbeerblatt

Das Gemüse waschen und in gleich große Stücke schneiden. Alles in einen Topf geben, zum Kochen bringen und abschäumen. Die Brühe im offenen Topf etwa 1 Stunde köcheln lassen, ab und zu abschäumen. Die Brühe durchsieben, abkühlen lassen und entfetten. Die Brühe verwenden oder portionsweise tiefgefrieren.

Fischfond

Für ca. 600 ml

½	Zwiebel (ca. 50 g), geschält und geschnitten
1	Karotte (ca. 100 g), geschält und gewürfelt
500 g	Gräten, gehackt
ca. 600 ml	Wasser
	Saft von ½ Zitrone
einige	Stängel Petersilie
3	schwarze Pfefferkörner
1	Lorbeerblatt

Alle Zutaten in einen großen Topf geben und zum Köcheln bringen. Die Brühe im offenen Topf etwa 20 Minuten köcheln lassen, vom Herd nehmen und durchsieben. Die Brühe verwenden oder portionsweise tiefgefrieren.

Helle Gemüsebrühe

Für ca. 2 l

1	große Zwiebel (ca. 150 g)
1	große Karotte (ca. 150 g)
150 g	Lauch
2–3	Stangen Bleichsellerie (ca. 150 g)
1	Zucchini (ca. 150 g)
ca. 2 l	Wasser
1	Knoblauchzehe, geschält und gehackt
1	kleines Bund Petersilie
1	Zweig Thymian
4	schwarze Pfefferkörner
1	Lorbeerblatt

Das Gemüse waschen und in gleich große Stücke schneiden. Alle Zutaten in einen Topf geben, zum Kochen bringen und bei Bedarf abschäumen. Die Brühe etwa 40 Minuten köcheln lassen, anschließend abkühlen lassen und durchsieben. Die Brühe verwenden oder portionsweise tiefgefrieren.

Danksagung

Caroll und Brown danken:
Karol Davies, Nigel Reed und Paul Stradling für die Herstellung
Hilary Bird für das Register

Siân dankt:
Bina – für die unermüdliche Hilfe und Unterstützung beim Abschreiben all der Rezepte und beim Entziffern meiner Notizen. Ein großes Dankeschön! Ohne sie hätte ich es nicht geschafft. Auch an Mike für seine Hilfe am PC.
Martin – dass er sich auf die ständigen Gespräche über Babyernährung eingelassen hat, für seine kulinarischen Tipps, niemals endende Geduld und seine Unterstützung.
Andy – für all die phantastischen Bilder von Coco, die für sich selbst sprechen.
Leon, Max und Coco – meine kleinen Berufstester.
Rosemary – die immer an mich geglaubt hat und dadurch dieses Buch vorangebracht hat.
Helen vom Bath Catering College – die mir bei den Nährwerten geholfen hat.
Jekka – für ihre Kräuterkenntnisse.
Jan – meinem Gesundheitsberater.
Julie und Patrick – für ihre Liebe und Unterstützung, vor allem im letzten Jahr.
Jo und ihrer Mutter Jenny – für ihre Hilfe mit Coco
Izzy – Cocos beste Freundin und ebenfalls Geschmackstesterin
Sowie Penny, Mitch, Tom, Ali, Rosie, Fran und Callum

Hilfreiche Broschüre
»Empfehlungen für die Ernährung von Säuglingen«;
Forschungsinstitut für Kinderernährung, Heinstück 11,
44225 Dortmund
Internet: www.fke-do.de

Siân Blunos wurde im College von Straford-upon-Avon als professionelle Köchin ausgebildet. Des Weiteren arbeitete sie als stellvertretender Küchenchef in Oxford, führte ein eigenes Lokal in der Schweiz und eröffnete mit ihrem Mann, Chefkoch Martin Blunos, ihr erstes gemeinsames Restaurant, Lettonie, in Bristol Ende der 1980er-Jahre. Binnen zwei Jahren erhielten sie für Lettonie einen der begehrten und angesehenen Michelin-Sterne und bereits ein Jahr später war ihr Lokal das erste Restaurant außerhalb Londons, das zwei Michelin-Sterne in Großbritannien verliehen bekam. Siân ist nicht nur die Mutter von Coco, sondern auch von Leon und Max.